Sven Berenz

UNVOLLKOMMEN

Aus dem unspektakulären Berufsleben eines deutschen Nachrichtendienstlers

Biografische Erzählung

FSC
www.fsc.org
MIX
Papier aus verantwortungsvollen Quellen
FSC® C083411

Impressum

1. Auflage 2024

c/o Postflex #5671, Emsdettener Str. 10, 48268 Greven
Keine Pakete oder Päckchen!
Telefon: +49 1514 4612781
E-Mail: berenzsven@gmail.com

Lektorat/Korrektorat: Elisabeth Lang, textwerkstatt-ffb.de

Umschlaggestaltung und Buchsatz:
Constanze Kramer, coverboutique.de

Bildnachweise: ©Kordiush, ©orbcat - stock.adobe.com
freepik.com

ISBN 978-3-75920-826-2

Bibliografische Information der Deutschen Nationalbibliothek.
Die Deutsche Nationalbibliothek verzeichnet diese Publikation in der Deutschen Nationalbibliografie. Details sind unter http://www.dnb.dnb.de abrufbar.

Herstellung und Druck über tolino media GmbH & Co. KG, München.
Printed in Germany

UNVOLLKOMMEN

AUS DEM UNSPEKTAKULÄREN BERUFSLEBEN EINES DEUTSCHEN NACHRICHTENDIENSTLERS

SVEN BERENZ

Inhalt

Ein paar Worte zur Einleitung

Ich hab's tatsächlich geschafft, sagte ich mir, als ich vor nicht allzu langer Zeit in den Ruhestand ging. 45 Dienstjahre lagen hinter mir. Die meisten davon habe ich beim Nachrichtendienst abgeleistet. Genauer gesagt, bei einem Landesamt für Verfassungsschutz (LfV) eines Bundeslandes der alten Bundesrepublik. Diese Behörden sind sogenannte Inlandsnachrichtendienste. Jedes Bundesland in Deutschland unterhält eine solche. Sie sind direkt den jeweiligen Innenministerien unterstellt oder aber organisatorischer Teil derselben. Im Gegensatz zur Polizei sind sie reine Verwaltungsbehörden, die über keine Exekutivbefugnisse verfügen. Ihr Aufgabenschwerpunkt liegt auf der Beobachtung verfassungsfeindlicher Bestrebungen und damit auf der Beschaffung von Informationen aus diesen Spektren. Dafür stehen ihnen sogenannte nachrichtendienstliche Mittel zur Verfügung, wie das Abhören von Telefonen, Observationen oder der Einsatz von Informanten, intern auch Vertrauensleute (V-Leute) oder Quellen genannt. Die Verwendung dieser Einsatzmittel ist rechtlich genau geregelt.

Fast zwei Jahre habe ich gebraucht, bis Stress und Belastung der letzten Dienstjahre von meiner Seele abgefallen sind und ich wieder in Kontakt zu mir selbst gekommen bin. Jetzt, wo ich die nötige Distanz zu meinem Berufsleben habe, spürte ich das Verlangen, all die Jahre in Gedanken noch einmal Revue passieren zu lassen, um Antworten auf die brennende Frage in mir zu finden, was ich da eigentlich getan habe und was diese Zeit aus mir gemacht hat. Wer bin ich durch jahrzehntelange operative Tätigkeit bei einem deutschen Inlandsnachrichtendienst geworden? Bin ich noch normal? Oder muss ich mir Sorgen um mich machen? Ich dachte mir, wenn du dich gedanklich schon reinknetest in die zähe Masse der Erinnerungen, warum schreibst du sie nicht gleich auf? Es war ein guter Gedanke, und so entstanden diese Seiten.

Wer nun heiße Agentenstories oder Heldengeschichten sucht, möge besser aufhören weiterzulesen. Ich habe sie nicht zu bieten. Es wäre verschwendete Zeit. Ebenso habe ich keine Enthüllungsgeschichten oder Skandale im Sortiment. Mir liegt sowas nicht. Ich will schlicht erzählen von meinen Erlebnissen als operativ tätiger Verfassungsschützer. Von meinen Erfolgen und Niederlagen. Von den Menschen, die mir dabei begegnet sind. Von ihren Problemen und ihren Schicksalen. Davon, dass das Leben manchmal so ist, wie es eben ist. Tatsächlich sind wir bei allem Engagement und allen Bemühungen um Professionalität zu oft nur ein Spielball des Lebens. Unvollkommen eben.

Natürlich war es mir beim Schreiben ein großes Anliegen, dem Aspekt der Geheimhaltung gerecht zu werden. Nicht nur, weil dies zu meinen beamtenrechtlichen Pflichten gehört. Sondern auch um der Sicherheit der Menschen willen, mit denen ich beruflich zu tun hatte. So ist eben vieles nicht beschrieben, bei anderem Namen genannt oder nur angedeutet. Dies sei mir verziehen. Aber meine Erzählungen sind dennoch authentisch. Sie haben sich ihrem Wesen nach so zugetragen, wie berichtet. Meine Interpretationen des Erlebten und meine Reaktionen darauf sind allerdings sehr subjektiv. Ein anderer Typ mit anderer Persönlichkeitsstruktur würde wohl zu anderen Schlussfolgerungen kommen. Diese Zusammenhänge dürften nicht überraschen. Wir kennen sie aus der Psychologie.

Auf detaillierte Beschreibungen verfassungsfeindlicher Organisationen und Strukturen (sogenannte Beobachtungsobjekte), mit denen ich zu tun hatte, habe ich verzichtet. Ich gehe inhaltlich nur so weit in die Tiefe, wie es für das Verständnis der nachrichtendienstlichen Arbeit in diesen Institutionen nötig ist. Wer trotzdem mehr zu den sogenannte Beobachtungsobjekten erfahren möchte, wird schnell fündig. Informative Produkte hierzu gibt es auf dem Markt behördlicher oder wissenschaftlicher Veröffentlichungen in Fülle. Aber jetzt wird es endlich Zeit einzusteigen in die geheimnisvolle und sonderbare Welt der bundesdeutschen Inlandsnachrichtendienste.

Kapitel 1 – Observation
Die bizarre Welt des Konspirativen

Meine Geschichte beginnt Ende der 1970er Jahre. Ich war Anfang zwanzig und in Bonn, der damaligen Bundeshauptstadt regierte eine sozial-liberale Koalition unter Bundeskanzler Helmut Schmidt (SPD). Die politische Lage in Deutschland war geprägt vom Ost-West-Konflikt. Im Osten standen die Truppen des kommunistischen Warschauer Paktes. Im Westen lebten die Bürger in Freiheit und zunehmenden Wohlstand. Die Demarkationslinie, der »Eiserne Vorhang«, ging mitten durch Deutschland. Die politischen Spannungen zwischen den beiden Blöcken bestimmten die deutsche Innen- und Außenpolitik. Denn wir waren ein geteiltes Land und wir wussten, sollte es zum Großen Krieg kommen, würden wir am meisten abgekommen.

Mein Name ist nicht Hase

Ich denke, ich sollte mich mal vorstellen. Mein Name ist, sagen wir einmal Sven Berenz. Klingt gut, finde ich und passt zu mir. Den nehme ich. Sie verstehen schon, ich schreibe unter Pseudonym, der Vertraulichkeit wegen. Ich bin Anfang der 1960er-Jahre in einer unbedeutenden ländlichen Kleinstadt in einem der alten Bundesländer geboren. Nach meinem Schulabschluss entschied ich mich für ein Fachhochschulstudium bei der Polizei mit Schwerpunkt Kriminalistik. Aus Neugierde und weil die damaligen Perspektiven bei der Polizei für mich nicht attraktiv gewesen sind, bewarb ich mich bald nach Abschluss des Studiums auf eine Stellenausschreibung des Landesamtes für Verfassungsschutz (LfV) in unserem Bundesland. Es sollte zur dortigen Observationsgruppe gehen. Viel mehr wusste ich nicht.

Erste Eindrücke

Es war Ende der 1970er-Jahre, als ich mit mehreren anderen jungen Leuten, die ebenfalls eine Ausbildung bei der Polizei absolviert hatten, meinen Dienst begann. Ich hatte keine Vorstellung davon, was mich erwarten würde. Am Tag des Dienstbeginns mussten wir uns bei der Verwaltung der Behörde melden. Anschließend wurden wir in ein konspiratives Objekt gebracht, in dem sich unter anderem das Büro des Beschaffungsleiters befand, dem auch die Observation unterstellt war. Der begrüßte uns und gab uns ein paar wichtige organisatorische Hinweise. Das Thema Geheimhaltung war ihm dabei das größte Anliegen. Er ermahnte uns eindringlich, niemandem von unserer Tätigkeit beim Verfassungsschutz zu erzählen, auch nicht in unserem privaten Umfeld. Was diese Verpflichtung, die ich mit meiner Berufswahl eingegangen bin, für mein Privatleben tatsächlich bedeuten würde, spürte ich erst einige Jahre später.

Dann wurden wir von einigen unserer neuen Kollegen in ein weiteres konspiratives Objekt gefahren, in dem die Observationseinheit untergebracht war.

Vor der Eingangstür hing das Firmenschild einer Gewerbeimmobilie – man war ja konspirativ eingemietet. Die Räumlichkeiten bestanden aus einem großen Konferenzraum mit langem Tisch und Stühlen. Darum herum waren im Halbkreis mehrere kleinere Büros gruppiert. Sie standen dem Leiter der Observationseinheit sowie den

Führern der einzelnen Observationstrupps und deren Stellvertretern zur Verfügung. Der Leiter hatte zudem ein Vorzimmer samt eigener Sekretärin. Im Konferenzraum saßen die Observanten, die gerade nicht im Einsatz gewesen sind. Wir wurden gebeten, uns einen freien Platz an dem großen Tisch zu suchen, wo die Observanten saßen – das Arbeitsproletariat der Einheit. Für mich war das alles sehr spannend und ungewohnt.

Die ersten Tage wurden wir über Struktur und Aufgabenstellung der Behörde und über das Wesen der Observationsarbeit unterrichtet. Die Observationseinheit bestand aus vier sogenannten Observationstrupps. Die Trupps wiederum waren mit jeweils zehn bis zwölf Observanten besetzt, die einen Leiter mit Stellvertreter hatten und denen etwa fünf Fahrzeuge zur Verfügung standen. Bei den Fahrzeugen handelte es sich um hochmotorisierte Mittelklasse-Pkws unterschiedlicher Hersteller für die jeweils mehrere Tarnkennzeichen aus den verschiedensten Zulassungsbereichen unseres Bundeslandes existierten. Wir selbst erhielten auch Tarndokumente wie Personalausweise oder Führerscheine, die auf unterschiedliche Identitäten ausgestellt waren, ausgehändigt. Ein Basissortiment an Tools also, die wir für unsere Arbeit benötigten. Nach der theoretischen Einführung wurden wir Neuen auf die vier Trupps aufgeteilt. Wir wurden fester Bestandteil dieser Einheiten.

Der Berufsalltag beginnt

Ja, und als Freshers starteten wir in der Hierarchie ganz unten, als »Fußobservanten«. Machte auch Sinn. Wir hatten schließlich noch keine Ahnung. Dennoch wurden wir gleich mitgenommen in echte Einsätze und lernten an der Praxis. Ich kann mich noch gut an meinen ersten Einsatz erinnern: Es war eine Observation, die uns von der Landeshauptstadt in eine etwa 150 km entfernte, andere Großstadt unseres Landes führte. Die Person, die zu observieren war, intern Zielperson (ZP) genannt, war mit dem Intercity unterwegs. Damals fuhren die Züge noch und wir hatten Mühe mit dem Auto mitzuhalten. Zum ersten Mal erlebte ich den Stress einer solchen Aktion. Ohne Blaulicht und Martinshorn (man war ja konspirativ unterwegs) mit hoher Geschwindigkeit durch den dichten Stadtverkehr und über die Autobahn. Gefährliche Überholmanöver zum Teil auf dem Seitenstreifen waren nötig, um rechtzeitig da zu sein und am Zielbahnhof den im Zug mitgefahrenen Kollegen zur Verfügung zu stehen. Mein erster Wettlauf gegen die Zeit. Ich war völlig fertig nach dem Tag, obwohl ich nur als Beifahrer den Funk bediente.

Und am nächsten Tag ging es auch schon munter weiter, Tag für Tag, Woche für Woche, Monat für Monat. Ich wurde hineingeschubst in die völlig neue Welt, in der Geheimdienstler und Akteure aus konspirativ arbeitenden extremistischen Politszenen unterwegs sind. Mir wurde klar, wir waren im Krieg – im Kalten Krieg. Und Deutschland war Feindesland für die Agenten des Warschauer Paktes, die hier arbeiteten und die wir beobachten sollten. Deutschland war auch Feindesland für die Linksterroristen der Roten Armee Fraktion (RAF), der Naziterroristen, die ihr »Drittes Reich« verloren hatten und am Aufbau eines Vierten arbeiteten. Deutschland war aber auch Ruheraum für Exilanten, die aus ihren Heimatländern fliehen mussten, von hier aus aber gegen die Regimes dort kämpften und in Deutschland von deren Nachrichtendiensten verfolgt wurden. Deutschland war Austragungsort konspirativ geführter Kleinkriege, Tummelplatz tausender Agenten, Ziel kommunistischer Propaganda und wir waren mittendrin in diesem Geflecht und versuchten, so gut es eben ging, unseren Job zu machen.

Dieser Job hat mich vollkommen gefordert. Mühsam musste ich konspiratives Verhalten lernen, spontanes Anpassen an sich ständig wechselnde Szenen. Gefährlich schnelle Autofahrten waren zu meistern, mit Zielpersonen, die ebenfalls nachrichtendienstlich geschult waren. Die wir »halten« sollten, wie man in der Fachsprache sagt. Die man also nicht verlieren durfte, um Kontaktpersonen festzustellen, ohne dabei aufzufallen. In der Regel waren wir zwei Wochen am Stück im Einsatz, bis wir dann eine Woche frei hatten. Das hieß zwei Wochen lang kein Privatleben. Seite an Seite mit dem Kollegen im Auto und Seite an Seite mit ihm im Hotelzimmer. Wir arbeiteten oft bis spät in die Nacht. Und in aller Frühe ging es weiter. Manche Observationen waren einfach nur öde: Die Zielpersonen bewegten sich kaum. Verlorene Zeit, dachte ich oft. Andere Einsätze dagegen waren voller Hektik und Stress. Für jede Situation mussten wir fit sein.

Ich entwickle mich

Ein Jahr hat es gedauert, bis ich als Fußobservant Sicherheit erlangte und mein spontanes Anpassungsgeschick ausreichend trainiert hatte. Dabei waren unsere technischen Ausstattungen Ende der 1970er nicht ansatzweise vergleichbar mit den heutigen Möglichkeiten. Unsere abgetarnten Fotoausrüstungen waren schon sehr gut. Aber in Sachen Funk haperte es enorm: Die klobigen Funkgeräte für Fußobservanten mussten am Körper verstaut werden. Der Lautsprecher war in das Mikrofon integriert. Dieses war wiederum mit einem armlangen Kabel mit dem Gerätekorpus verbunden, das durch den Ärmel der Jacke gefummelt werden musste. Wenn wir funkten, mussten wir in die Muschel sprechen, die in unserer Hand lag. Das führte zu bizarren Situationen, besonders in öffentlichen Verkehrsmitteln. Die Fahrgäste guckten uns oft entsetzt an und hielten uns für völlig durchgeknallt, wenn wir Funksprüche absetzten und dazu in unsere Handflächen hauchten. Heute ist es normal, dass Leute überall vor sich hin labern, weil sie über ihr Smartphone telefonieren. Ja und Telefone gab es nur zu Hause oder in Telefonzellen. Anfang der 1980er-Jahre wurden die ersten Autotelefone angeschafft, im C-Netz. Die waren groß wie ein Handkoffer, die Gespräche sündhaft teuer und nur die Truppführer waren mit einem Exemplar ausgerüstet.

Nachdem ich mich als Fußobservant bewiesen hatte, durfte ich eine Stufe in der Hierarchie nach oben steigen. Mir wurde ein Fahrzeug anvertraut. Eine neue Herausforderung für mich. Problematische Fahrmanöver im dichten Stadtverkehr kamen auf mich zu. Enorme Geschwindigkeiten auf den Autobahnen, auch bei schlechtem Wetter. Sich ständig verändernde Situationen, auf die spontan reagiert werden musste und die trotz Fahrtraining nur unzureichend eingeübt werden konnten, waren von nun an zu meistern.

Aus dem Observantenleben

Die Zielperson nicht zu verlieren und dabei nicht aufzufallen war nur möglich, wenn wir laufend gegen Verkehrsvorschriften verstießen, was uns nach der Straßenverkehrsordnung (StVO) erlaubt war. Dabei durften aber keine Verkehrsteilnehmer gefährdet oder gar geschädigt werden. Das war nicht erlaubt und hätte schwere strafrechtliche Konsequenzen für uns gehabt. Außerdem wollten wir selbst nicht zu Schaden kommen. Wir trugen ein enormes Risiko, für uns und für andere. Oft kam es zu filmreifen Szenen auf den Straßen. Wie schon erwähnt, benutzten wir kein Blaulicht und schon gar kein Martinshorn. Unsere Zielpersonen sollten und durften nichts von ihrer Beschattung ahnen.

Ich erinnere mich noch an meine erste sogenannte Rotfahrt: Als wohlerzogener Bürger hatte ich enorme Hemmungen, eine rote Ampel zu missachten. Es dauerte, bis ich meine Komplexe ablegt hatte und mich selbstbewusst auf die nötigen Regelverletzung einlassen konnte. Bei aller Routine blieb es für mich aber stets ein enormer Stress, mich bei Rot mit dem Fahrzeug langsam in die Kreuzung zu tasten. Das hysterische Hupen der anderen Autofahrer, die neben oder hinter einem an der Ampel standen und alles ungläubig mit ansahen, nicht persönlich zu nehmen und den frei gegebenen Querverkehr nicht zu gefährden, erforderte stets höchste Konzentration. Manch ein Autofahrer war so verwirrt von unseren Rotfahrten, besonders, wenn mehrere Fahrzeuge von uns gleichzeitig in die Kreuzung fuhren, dass sie sich uns anschlossen und mit in die Kreuzung einfuhren. Sie dachten wohl, sie hätten übersehen, dass die Ampel auf Grün gesprungen sei. Solche Szenen waren immer wieder ein riesengroßes Problem für die Verkehrssicherheit. Ich war nach solchen Tagen abends oft völlig fertig von den Stresssituationen, die ich tagsüber auf den Straßen erlebt hatte. Ich wunderte mich auch, dass bei unseren Fahrmanövern so wenig passierte. Vermutlich lag es daran, dass wir in diesen Situationen besonders konzentriert gewesen waren. Unfälle passierten meist erst, nachdem die Observationen beendet waren und wir uns auf den Heimweg machten.

Es gab einige wenige Naturtalente in unserer Einheit. Willi, zum Beispiel. Willi war ein sehr angenehmer Mensch: kollegial, völlig uneitel und ein begnadeter Observant. Willi musste hellseherische Fähigkeiten haben: Wenn wir eine Zielperson im Straßenverkehr verloren, wusste er meistens, wie sie wieder zu finden war. Er war ein ausgezeichneter Autofahrer, beherrschte die schwierigsten

Situationen und strahlte dabei Ruhe und Kompetenz aus. In seinem Auto fühlte ich mich sicher, selbst bei den nervenaufreibendsten Fahrmanövern. Er fand die besten Sichtplätze, also Standorte, von denen man aus gut versteckt Eingangstüren beobachten konnte. Er besaß eine scharfe Auffassungsgabe, parierte die unterschiedlichsten Abläufe im Straßenverkehr, passte sein Verhalten gekonnt der jeweiligen Anforderung an und ich kann mich nicht erinnern, dass er jemals „aufgeplatzt", also bei der Zielperson durch ungeschicktes Verhalten aufgefallen wäre. Ich schaute ihm mit Genuss zu und lernte viel von ihm. Aber sein Niveau blieb für mich unerreichbar. Willi war rundherum gemacht für diesen Job. Er blieb auch all die Jahrzehnte seines Arbeitslebens bis zur Pension bei der Observation. Ein Ausnahmetalent.

Trotz der ganzen Belastungen hatte das Observantenleben auch seine lustigen Seiten. Gerade bei längeren Standobservationen, also in Situationen, in denen sich die Zielperson lange nicht bewegte, kam es immer wieder zu heiteren Erlebnissen. Da musste schon mal menschlichen Bedürfnissen nachgegangen werden, wie z. B. Essen gehen. Eine Wagenbesatzung nach der anderen durfte ran. Nur dumm, wenn die Zielperson sich in dieser Zeit plötzlich und unerwartet in Bewegung setzte. Die Kollegen, die es sich im Restaurant gemütlich gemacht hatten, mussten dann alles stehen und liegen lassen und sofort los. Die Kellner konnten es oft nicht fassen, was da abging, wenn die Observanten die frisch servierten Menüs unberührt stehen ließen, Geld auf den Tisch warfen und zur Tür hinausrannten. Wie soll man als Servicepersonal dieses seltsame Verhalten nicht persönlich nehmen? Wir hatten jedenfalls immer unseren Spaß, obwohl unsere Mägen knurrten.

Auch das Buchen von Hotelübernachtungen war immer ein Abenteuer. Zehn bis zwölf Mann, manchmal eine Frau, die mit flotten Autos und unterschiedlichen Kennzeichen anreisten, waren für mehrere Tage unterzubringen. Man konnte sich schlecht als Observationsgruppe outen. Also mussten immer wieder glaubhafte Erklärungen her, sogenannte Legenden. Legenden sind in sich logische Geschichten, die aber nicht der Wahrheit entsprechen. Sie werden gestrickt, um den wahren Akteur hinter einem Ereignis, den Nachrichtendienst, verborgen halten zu können. Legenden sind aber wirklich nur der einzige Berührungspunkt, den Nachrichtendienste mit der Katholischen Kirche haben. Später wird dieses Thema noch ausführlich behandelt.

Aufgabenspektren - unser hoch geschätztes Publikum

Unsere Zielpersonen waren zur damaligen Zeit überwiegend Agenten des Ministeriums für Staatssicherheit der DDR (auch MfS oder Stasi genannt) oder anderer östlicher Nachrichtendienste. Die Observationen dieser Leute waren über lange Zeitabschnitte sehr langweilig. Sie führten ein unaufgeregtes bürgerliches Leben mit wenig Abwechslung. Erst wenn Treffs mit ihren Führungsoffizieren anstanden, wurde es richtig heiß. Die Herrschaften wollten natürlich sichergehen, dass sie nicht beschattet wurden und sich und ihre nachrichtendienstliche Verbindung in Gefahr brachten. Deshalb wurde stundenlang vor dem geplanten Treff geschüttelt, so nennt man Bemühungen, mögliche Verfolger zu erkennen und abzuhängen. Schleußen wurden durchlaufen oder sogar sogenannte Abdecker eingesetzt. Abdecker sind ausgebildete Leute vom Nachrichtendienst (ND), die konspirativ Bewegungen des eigenen Agenten überwachen, um gegnerische Observationseinheiten wie uns, rechtzeitig zu entdecken.

Echte ND-Profis waren nur schwer zu halten. Oft brachen wir die Observationen ab, um nicht die gesamte Aktion zu gefährden und setzten zwei, drei Wochen später erneut an. Wir wollten nicht auffallen und den Gegner warnen. Aber auch die Profis aus dem Osten machten Fehler, schluderten oder wurden unvorsichtig. Das nutzten wir und so hatten wir in diesem schwierigen Umfeld immer wieder Erfolge. Es gelang uns, Abdecker zu enttarnen, wichtige Kontaktpersonen zu entdecken, sie zu fotografieren und zu identifizieren und so zur Lösung diverser Spionagefälle beizutragen. Unsere Gegner konnten also nie sicher sein, ob sie nicht schon enttarnt worden waren. Fehler waren sehr gefährlich für sie. Flogen sie auf, drohten zu Hause in Ost-Berlin, Prag, Budapest oder sonst wo ernste Konsequenzen. Dann war es aus mit den Westreisen, den Sexshops hier oder ausgiebigen Kaufhausbesuchen. Außerdem drohten Degradierungen oder gar der berufliche Niedergang.

Ich erinnere mich an die Observation eines Stasi-Offiziers, der nach einem Treffen mit seinem Agenten in einer Universitätsstadt unseres Bundeslandes von einem Mitarbeiter unserer Behörde »umgedreht« werden sollte: Nachdem er sich von seinem V-Mann verabschiedet hatte, beschatteten wir ihn weiter. Er ging zum Bahnhof und holte dort sein Gepäck aus einem Schließfach. Er wollte mit dem Zug abreisen. Ein Sachbearbeiter unserer Spionageabteilung, der mit uns unterwegs war, kontaktierte unsere Zielperson, nachdem diese das Schließfach geleert hatte. Er machte dem völlig überraschten Geheimdienstler klar, dass er enttarnt sei und bot ihm eine Zusammenarbeit als Doppelagent an. Ich war mit im Raum und konnte die Szene genau verfolgen. Der MfS-Mann war völlig schockiert, fing an zu zittern, lehnte das Angebot aber konsequent ab. Das damit verbundene Risiko war ihm wohl zu unberechenbar. Daraufhin wurde er von Beamten des Landeskriminalamtes (LKA), die ebenfalls mit uns unterwegs waren, festgenommen. Ich fand diese Szene unheimlich spannend. So etwas hatte ich zuvor noch nicht erlebt: Ein echter MfS-Mann, eine gescheiterte Anwerbung, Festnahme im

Spionagemilieu! Das gab meiner Arbeit Sinn. Der Mann kam nach wenigen Jahren wieder frei. Hätte sich die Szene mit umgekehrtem Vorzeichen in Ost-Berlin abgespielt, wären die Betroffenen schon wegen der härteren Strafen und schlimmeren Haftbedingungen in kommunistischen Ländern wesentlich schlechter dran gewesen.

Wie schon erwähnt, beschäftigten uns nicht nur Agenten fremder Nachrichtendienste. Nazis, Linksextremisten und gefährliche Akteure extremistischer Ausländerorganisationen zählten ebenso zu unserem Aufgabengebiet. Auch sogenannte Treffabdeckungen, also die Absicherung von nachrichtendienstlichen Treffs unserer eigenen VM-Führer oder Werber mit ihren Informanten gehörten zum Portfolio. Die Observation von geschulten gegnerischen Nachrichtendienstlern war aber schon die Königsklasse. Geschick, Improvisationsfähigkeit und echtes Können konnte nur von diesen Leuten gelernt werden.

Immer Ärger mit der Geheimhaltung

Im Laufe der Zeit spürte ich, dass mir das Thema Geheimhaltung doch mehr abverlangte, als ich anfangs angenommen hatte. Natürlich war es uns untersagt, über dienstliche Interna zu sprechen. Das gibt es in vielen Berufen. Diese Form der Verschwiegenheit war auch nicht das Problem. Wie schon eingangs erwähnt, wurde von uns darüber hinaus verlangt, selbst die bloße Zugehörigkeit zum Verfassungsschutz strikt geheim zu halten. Diese Vorschrift sollte uns und die Behörde schützen. Die Behörde ließ uns aber bei der Umsetzung dieser Vorgaben stets im Regen stehen. Bis heute fehlt es an tragfähigen Konzepten. Wir waren, wie so oft, auf uns allein gestellt. Wir sollten uns selbst eine sogenannte Erzähllegende zu unserer beruflichen Tätigkeit für den Fall ausdenken, dass wir im privaten Umfeld danach gefragt werden würden.

Für mich war die Erzähllegende Polizeidienst naheliegend. Viele meiner Schulfreunde und Bekannten wussten, dass ich ein Fachhochschulstudium bei der Polizei absolviert hatte. Das Studium ermöglichte mir tiefe Einblicke in interne Abläufe der Polizei und so konnte ich glaubhaft darüber berichten. Sobald ich neue Leute kennenlernte und nach meinem Beruf gefragt wurde, erzählte ich also, dass ich Kriminalbeamter beim Landeskriminalamt unseres Bundeslandes sei. Dummerweise verführte dieses Berufsbild die Fragenden zu aufdringlichen Nachfragen, da es die allermeisten für interessant hielten, einen von der Kripo kennengelernt zu haben. Je länger ich keinen aktuellen Polizeibezug mehr hatte, desto schwieriger wurde es für mich, glaubhafte Geschichten zu erfinden. Diese Entwicklung führte dazu, dass es mir immer unangenehmer wurde, neue Leute kennenlernen zu wollen, nur um dieser Frage nach meinem Beruf zu entgehen. Dazu kam das Gefühl der Verleugnung. Ich musste einen wesentlichen Teil meiner Persönlichkeit, meinen Beruf, dauernd verleugnen. Anfangs fand ich es noch spannend, etwas Geheimnisvolles zu machen, wovon niemand erfahren durfte. Im Laufe der Jahre wurde dieser Zustand für mich aber immer belastender.

Bei aller Vorsicht konnte ich nie sicher sein, dass mein Wechsel zum Verfassungsschutz anderen aus dem Polizeiapparat heraus bekannt geworden war. Früheren Kollegen blieb meine Tätigkeit nicht verborgen. Und die plauderten schon mal darüber in ihrem und meinem privaten Umfeld. Ja und dann gibt es noch diese unglaublichen Zufälle, die man sich nicht wünscht, vor denen es aber kein Entkommen gibt, wie es mir z. B. mit Anke passiert ist. Anke war eine gute Bekannte, die mich eines Tages in die Disco einlud. Eine Freundin von Anke sollte auch mitkommen. Ich kannte sie nicht. Als wir drei im Auto saßen und Richtung Tanzschuppen unterwegs waren, fragte Ankes Freundin, was ich beruflich machen würde. Da war sie schon wieder, diese blöde Frage, dachte ich mir. Ich antwortete knapp, ich sei bei der Polizei. Die Antwort genügte wie schon befürchtet nicht, so kam die Nachfrage, bei welcher Polizeibehörde ich tätig sei. Ich erwiderte, beim LKA. Die Dame gab sich damit nicht zufrieden und wollte wissen, in welcher Abteilung des LKA ich genau arbeiten würde. Ich sagte, ich sei dort in dem Referat für überörtliche Kriminalität angesiedelt. Dieses Referat gab es wirklich. Da schoss es aus Ankes Freundin heraus: »Wirklich? Dann müssten wir uns ja kennen. Ich bin dort Sekretärin!«

Okay, dachte ich, jetzt bist du kaputt. Danke, lieber Verfassungsschutz, dass du mich im Stich gelassen hast! Das kann es doch nicht geben. Jetzt hilft dir nur noch die Wahrheit. Ich hatte keine andere Wahl. Ich musste mich outen, um nicht mein gesamtes Renommee zu verspielen. Und so hat der gemeine, fiese Zufall mir ein Bein gestellt und mir zwei neue Mitwisser über meine wahren beruflichen Hintergründe beschert. Oder war vielleicht doch die Unfähigkeit meiner Behörde dafür verantwortlich? So wurden im Laufe der Jahre meine Bemühungen um Konspiration im privaten Umfeld immer sinnloser. Welche Risiken sich dahinter verbargen, wurde mir erst später bewusst, als ich in der VM-Führung und Werbung tätig war.

Ende mit Schrecken

Dann kam für mich ein traumatisches Erlebnis, das mich nachhaltig veränderte. Wir waren schon einige Tage hinter einem hochrangigen Nazi mit internationalen Kontakten in rechtsterroristische Szenen her. Ein bedeutendes Treffen stand an, das unbedingt dokumentiert werden musste. Wegen des hohen Verkehrsaufkommens fiel ich in der Verfolgung zurück, wollte aber keinesfalls abgehängt werden. Diese Observation war zu wichtig. Jeder in der Gruppe wurde gebraucht. Also gab ich Gas. Wir fuhren gerade durch eine Kleinstadt. Da sah ich, wie die Ampel einer Fußgängerfurt vor mir plötzlich von grün auf gelb sprang. An beiden Seiten der Furt standen Menschen, Kinder, die über die Straße wollten. Ich war viel zu schnell. Ich konnte das Fahrzeug nicht mehr abbremsen. Es hätte nie gereicht. Mir blieb nichts anderes übrig, als noch mehr Gas zu geben. Die Ampel sprang auf Rot. Verzweiflung machte sich breit in mir. Die Fußgängerampel sprang auf Grün, als ich die Furt passierte. Doch keiner rührte sich. Die Fußgänger hatten mich zum Glück rechtzeitig gesehen. Sie waren schockiert und schauten mir entsetzt hinterher. Aber zum Glück war keiner losgelaufen, auch von den Kindern nicht, das war meine größte Sorge gewesen. Keiner wurde verletzt.

Ich bremste einige hundert Meter später, fuhr rechts ran. Ich zitterte am ganzen Körper. Zum Glück war ich allein im Auto, ohne Begleitung. Ich atmete tief durch, stieg aus. Atmete wieder tief durch. Ich steckte mir erst einmal eine Zigarette an. Es dauerte, bis ich mich beruhigte. Als ich wieder klar denken konnte, war ich unendlich froh darüber, dass niemand zu Schaden gekommen war und dankte meinem Schöpfer. Es war schon später Nachmittag. Ich war zwar längst abgehängt, aber unendlich dankbar dafür, dass dieser Tag für die Fußgänger, die ich gefährdet hatte, und für mich nicht in einer Katastrophe geendet hatte. Ich fragte mich vorwurfsvoll, wie es zu dieser Situation kommen konnte. Ich fand nur diese eine Antwort: Solche Erlebnisse sind Teil dieses Jobs. Bei aller Vorsicht konnte so etwas immer passieren. Wir wussten es doch! Aber für mich war von da ab klar, dass ich nie wieder in so eine Lage kommen wollte. Egal, welche Zielperson es auch sei. Ich würde nur noch beherrschbare Risiken eingehen.

Mit diesem traumatischen Erlebnis blieb ich lange allein. Im Kollegenkreis war es nicht üblich, über solche Erfahrungen zu reden. Die Observationseinheit bestand damals mit ganz wenigen Ausnahmen aus Männern, die aus der Polizei rekrutiert worden waren. Alles starke Typen, die keine Schwächen zeigen wollten. Risiko gehörte nun mal zu unserem Job. Obwohl mir schon auffiel, dass manch einer nach den Einsätzen gerne das eine oder andere Bier zu viel trank. Anscheinend war ich nicht der Einzige, der seinen Stress wieder irgendwie abbauen musste.

Dieses Erlebnis veränderte mich zutiefst. Es hemmte mich von da ab ungemein. Mein Elan war dahin, die Angst fuhr immer mit. Ich hatte Mühe, meine Leistungen zu bringen. Drei Jahre lang blieb ich ein mittelmäßiger Observant. Ja, ich hatte auch Erfolge, keine Frage. Ich liebte das Reisen und das unstete Leben, die vielen interessanten Aufträge, die politischen Szenen, das Agentenmilieu, obwohl es im Gegensatz zu 007 doch recht verstaubt und trocken war. Doch mir war klar, dass Observation auf Dauer nichts für mich war. Es gab Bessere dafür, echte Naturtalente wie Willi. Aber ich war eben nicht Willi.

Das nächste Jahr wurstelte ich mich durch, bis sich für mich die Gelegenheit ergab, eine Stelle als Sachbearbeiter in einer Fachabteilung zu bekommen. Zur Polizei wollte ich nicht zurück. Die nachrichtendienstliche Tätigkeit mit ihren unterschiedlichen Phänomenbereichen fand ich anziehender. In diesem Milieu fühlte ich mich wohl. Dennoch war die Zeit bei der Observation nicht umsonst gewesen. Im Gegenteil: Die Erfahrungen und Fähigkeiten in Sachen Konspiration, die ich hier gelernt hatte, waren für meine späteren operativen Aufgaben von unschätzbarem Wert

Kapitel 2 – Rechtsextremismus
Sehnsucht nach dem »Dritten Reich«

Anfang der 1980er-Jahre wechselte ich von der Observation in die operative Sachbearbeitung. Über die Arbeitsbedingungen in diesem Bereich hatte ich in der Observation fast nur Schlechtes gehört. Der Job sei viel zu unattraktiv, staubig, bürokratisch. Man sei unter ständiger Beobachtung einer sturen Hierarchie. Unter dem Diktat einer unbeweglichen Bürokratie. Man habe kaum Freiheiten, wie man sie bei der Observation kenne, so die Überzeugung meiner bisherigen Kollegen. Ich war also gespannt, was auf mich zukommen würde.

Innenpolitisch veränderte sich ebenfalls vieles in Deutschland. 1982 wurde Helmut Kohl (CDU) Bundeskanzler und blieb es 16 Jahre lang. Er gehörte zu den großen deutschen und europäischen Politikern. 1989 beim Mauerfall hat er im richtigen Augenblick gehandelt und damit die deutsche Wiedervereinigung ermöglicht. Und er hat die europäische Einigung, den Zusammenschluss der europäischen Staaten zur Europäischen Union, stark gefördert.

Ein neuer Start

Ich wurde der Abteilung für nachrichtendienstliche Informationsbeschaffung und dort der Referatsgruppe für Rechtsextremismus zugeteilt. Ich sollte bis Mitte der 1990er in diesem Phänomenbereich tätig sein. Die Referatsgruppe war unterteilt in mehrere Teilreferate, die sich mit rechtsextremistischen Parteien und deren Jugendbewegungen, Verlagen, der von Alt-Nazis dominierten Szene der Revisionisten und Neonazis beschäftigten. Die internen Organisationsformen haben sich über die Jahre je nach politischer Entwicklung immer wieder geändert, sodass eine exakte Beschreibung hier wenig hilfreich wäre. Unsere Aufgabe war die Anwerbung und Führung von Informanten, sogenannten Vertrauensleuten (V-Leuten) oder auch Quellen genannt, in rechtsextremistischen Beobachtungsobjekten. Mit deren Hilfe sollten wir vertrauliche Informationen aus diesen abgeschotteten Kreisen beschaffen und daraus Lagebilder für die Politik ermöglichen oder der Polizei wertvolle Hinweise für Prävention und Strafverfolgung liefern.

Als »Youngster« unter »alten Hasen«

Die Referatsgruppe bestand aus etwa 30 Personen, durchgehend ältere Herrschaften, die vereinzelt das »Dritte Reich« noch als Kinder erlebt hatten. Im Gegensatz zur Observationseinheit hatte man hier ein ausgeprägtes Standesbewusstsein. Man legte Wert auf Etikette, was sich auch in der Kleidung widerspiegelte. Als Angehöriger einer völlig anderen Generation – ich war mit meinen 24 Jahren weit abgeschlagen der Jüngste – wurde ich zwar kritisch beäugt, aber dennoch offen aufgenommen. Der Chef hatte einen so ausgesprochen konstruktiven Führungsstil, wie ich ihn in dieser Behörde später nie wieder vorgefunden habe. In Sachen Führung war er ein seltenes Naturtalent. In der Kollegenschaft gab es drei Damen mittleren Alters, die als Sekretärinnen tätig waren. Die Arbeit draußen auf der Straße wurde natürlich nur von Männern erledigt. So war das damals eben.

Und es existierten noch keine Computer. Geschrieben wurde auf mechanischen Schreibmaschinen, die später dann durch elektrische Maschinen ersetzt wurden. Die Berichte, die wir auf Grund der Quellenerkenntnisse abzufassen hatten, wurden von uns in ein Diktiergerät gesprochen und zur Abschrift an unsere engagierten Sekretärinnen gegeben. Unsere Produkte gingen weiter an die Abteilung für Auswertung. Dort wurden die Lagebilder für die Politik oder sonstige Behörden erstellt, angereichert mit Informationen, die von anderen Bundes- oder Landesbehörden eingingen.

Für mich hieß es erst mal mich einzuarbeiten in die unterschiedlichen Thematiken der rechtsextremistischen Beobachtungsobjekte, die wir bearbeiteten, in rechtliche Vorgaben für unsere Arbeit und in die komplexe Thematik der praktischen VM-Führung. Ich spürte, ich war hier am richtigen Platz. Mich interessierte einfach alles, was es zu erarbeiten gab. Ich las viele Berichte und Hintergrundinformationen zu den Organisationen, mit denen wir uns beschäftigen mussten. Ich interessierte mich für Politik und las alles, was es an Wochen- und Monatszeitschriften dazu auf dem Markt gab. Hinzu kam als Kontrast dazu die tägliche Auseinandersetzung mit der Naziliteratur der Beobachtungsobjekte, die ein Terrorregime rechtfertigten, welches in der alten Bundesrepublik noch erstaunlich lebendig zu sein schien. Die gab es nicht nur in der Nationaldemokratischen Partei Deutschlands (NPD), damals der größten rechtsextremistischen Partei, die wir bearbeiteten, sondern auch in anderen Parteien und Gruppierungen wie der

Deutschen Volksunion (DVU), in Vereinigungen von Revisionisten, in denen sich noch lebende Alt Kader der NSDAP und andere Vollblutnazis versammelten, das »Dritte Reich« verherrlichten und den Holocaust leugneten. Dazu die vielen kleineren und größeren Neo-Nazi-Gruppen, die oft in Konkurrenz zueinander standen und aus deren Reihen stets rassistische und antisemitische Attacken zu befürchten waren.

Nazis unter uns?

Selbst im Kreis der älteren Kollegen fanden sich vereinzelt Exemplare, die noch in der Hitlerjugend aktiv gewesen sind und die »Nationalzeitung« oder das Sprachrohr der NPD, die Deutsche Stimme, nicht nur aus dienstlichem Interesse lasen, sondern sich in den darin angebotenen Weltsichten auch persönlich angesprochen fühlten. Das irritierte mich zunächst etwas. Arbeitete ich etwa unter Nazis, fragte ich mich? Wollten die den Hitler wieder? Ich lauschte aufmerksam den regelmäßigen Diskussionen unter den Kollegen. Es gab tatsächlich vereinzelt Sympathien für nationalistische Ansichten. Die Kriegsverbrechen der Wehrmacht wurden gerne heruntergespielt und aus ihrer Sicht wurde Deutschland am 8. Mai 1945 nicht befreit, nein, da ging der Krieg verloren. Ich fand unter älteren Kollegen Haltungen, wie ich sie aus den Begegnungen mit der Generation meiner Eltern schon kannte. Irgendwie war man froh, den Krieg überlebt zu haben und nun im Wohlstand der alten Bundesrepublik leben zu können. Aber früher sei eben auch nicht alles schlecht gewesen, so die weit verbreitete Meinung.

Und wie ging es mir mit diesem Thema? Nun ja, ich wusste nicht, was ich denken sollte. Ich hatte noch keine gefestigte Haltung. Am liebsten hätte ich auch die rosarote Brille aufgesetzt und unangenehme Wahrheiten verdrängt. Nur das, was ich mir über Nazideutschland angelesen hatte, sagte etwas ganz anderes und die Wahrheit hat mich erschüttert. Für mich gab es keinen Grund, am Holocaust zu zweifeln. Die Fakten dazu waren eindeutig. Und das Märchen von der sauberen Wehrmacht konnte ich auch nicht glauben. Mir wurde klar, ich gehörte einem Volk an, welches die Verbrechen des Hitlerregimes mitgetragen hatte. Diese Erkenntnis gefiel mir ganz und gar nicht. Ich wollte nichts zu tun haben mit dieser Zeit. Aber ich konnte ihr nicht entkommen, der Geschichte Deutschlands. Ich bin nun mal ein Teil davon. Und ich werde mich ein Leben lang damit arrangieren müssen. Wie sagte der Schriftsteller James Baldwin: »History is not the past, it is the present. We carry our history with us. We are our history!« Wie recht er doch hat!

In der Auseinandersetzung mit dieser Problematik erinnerte ich mich an eine Szene, die ich Ende der 1970er erlebt hatte, als ich Israel besuchte. Damals war es noch problemlos möglich, auf den Tempelberg in Jerusalem zu gehen und die al-Aqsa-Moschee und den Felsendom zu besichtigen. Ein junger Araber sprach mich an und fragte, wo ich herkäme. Als er hörte, dass ich Deutscher sei, fing er an zu strahlen und begrüßte mich mit »Heil Hitler!« Er sei ein großer Bewunderer der Deutschen und von Hitler, ließ er mich auf Englisch wissen. Hitler wäre der einzige gewesen, der mit den Juden fertig geworden sei. Ich stand da und war sprachlos. Am liebsten hätte ich ihm eine reinbetoniert. Was für ein Idiot, dachte ich. Meine Versuche, ihm klarzumachen, wer Hitler tatsächlich gewesen war, scheiterten. Ich gab entnervt auf und machte mich an die Besichtigung der beiden Moscheen. In den Straßen Jerusalems begegnete ich auffallend vielen Menschen, die europäisch aussahen und grüne oder blaue Nummern in die Unterarme tätowiert hatten. Es waren ehemalige KZ-Häftlinge, wie unser Reiseleiter mir erklärte, ein Deutsch sprechender ungarischer Jude. Auch er sei der Vernichtung durch die Nazis entkommen und zeigte mir seine Tätowierung. Da war ich wieder mittendrin in dem Teil der deutschen Geschichte, mit dem ich absolut nichts zu tun haben wollte, und schämte mich.

Ich fühlte mich also gut aufgehoben an meiner neuen Arbeitsstelle. Ich konnte eintauchen in die geheimnisvolle Welt der nachrichtendienstlichen Informationsbeschaffung und mich gegen eine Ideologie engagieren, die so viel Zerstörerisches in diese Welt gebracht hatte.

Es wird praktisch: Einarbeitungsphase

Als erstes Projekt wurde mir die Betreuung einer sogenannten G10-Maßnahme anvertraut. Die Telefone einer örtlichen Nazigruppe wurden abgehört. Die Gruppe bestand aus etwa 15 Leuten. Einige von denen lebten in einer Wohngemeinschaft zusammen. Wie mir erklärt wurde, bestand der dringende Verdacht, dass die Gruppe schwere Straftaten plante. Damit waren die rechtlichen Voraussetzungen für die Überwachung des Brief- und Postverkehrs sowie die Überwachung der Telefonanschlüsse gegeben und die Maßnahme von der G10-Kommission des zuständigen Parlaments für ein halbes Jahr genehmigt worden. Natürlich brachte diese Überwachung nicht den gewünschten Erfolg. Die Gruppenmitglieder waren sehr vorsichtig am Telefon. Es wurde nur Banales, Alltägliches gesprochen. Über geplante Straftaten wurde nie diskutiert. Schließlich rechnete man mit einer ständigen Beobachtung durch die Polizei oder die Nachrichtendienste. Manch einer grüßte auch immer höflich die Spitzel vom Verfassungsschutz, sobald der Hörer abgenommen wurde. Für mich war diese Aufgabe aber dennoch sehr ergiebig. Ich war live drin in dieser Gruppe und konnte erleben, wie die miteinander umgingen, was sie dachten, in welcher geistigen Welt sie lebten und wie die Rangordnungen waren. Eine effektive Vorbereitung für meine spätere Arbeit als VM-Führer und Werber.

Dann konnte ich verschiedene Fach-Seminare an der Schule für Verfassungsschutz besuchen, damals noch in Köln. Das Bundesamt für Verfassungsschutz (BfV) betreibt diese Schule mit Unterstützung aller Landesämter. So lernte ich Kollegen aus anderen Landesbehörden kennen, die, wie ich, in der VM-Führung oder Werbung eingesetzt werden sollten oder bereits alte Hasen waren. Die Lehrinhalte waren für den Einstieg sehr hilfreich. Neben den rechtlichen Rahmenbedingungen für unsere Arbeit wurden praktische Erfahrungen vermittelt. Erlebnisse aus dem Alltag von VM-Führern, die die ganze Problematik dieser Tätigkeit aufzeigten und die ich später ebenfalls erleben sollte. Es fehlte mir aber damals schon eine sozialwissenschaftliche Basis für das Ausbildungs- und Schulungsprogramm für diese Art von nachrichtendienstlicher Tätigkeit. Leider hat man über all die Jahrzehnte hindurch an diesem Punkt nicht wirklich dazugelernt. Heute werden zwar in Ansätzen psychologische Aspekte in die Ausbildung mit eingebaut. Eine umfassende wissenschaftliche Erforschung dieser Arbeit mit all ihren auch destruktiven Auswirkungen auf alle Beteiligten und eine aus Forschungsergebnissen resultierende konstruktive Unterstützung der Akteure für die Praxis fehlen immer noch.

Endlich: meine ersten Quellentreffs

Nachdem ich die Einarbeitungsphase abgeschlossen hatte, durfte ich als nächsten Schritt alte, erfahrene VM-Führer aus unserem Referat zu echten Quellentreffs begleiten. Die Kollegen informierten mich über die Persönlichkeitsstruktur der jeweiligen V-Leute, empfahlen mir die Lektüre von deren Personalakten, damit ich etwas über deren Historie erfahren würde und brieften mich, wie ich mich beim Treffen zu verhalten hätte. Dann ging es los. Ich lernte zunächst Menschen kennen, die schon über Jahre zuverlässig aus Kreis- Bezirks- oder Landesverbänden der NPD oder deren Jugendorganisation, der Jungen Nationaldemograten (JN), berichteten. Diese Menschen waren zum Teil schon länger für die Behörde tätig als mancher VM-Führer, der sie aktuell betreute. Ansonsten verliefen die Begegnungen nach einem gefährlich routinierten Muster ab. Man traf sich in einer Wirtschaft, die zu Alter und Persönlichkeit der Zusammenkommenden passte. Dort wurde gemeinsam gegessen oder Kaffee getrunken. Auf Staatskosten natürlich. Dabei gab es allgemeines Blabla, ein wenig Socializing, bis man sich dann den dienstlichen Belangen widmete.

Die V-Leute erzählten aus diversen Parteiveranstaltungen, die sie besucht hatten oder berichteten über persönliche Gespräche mit Funktionsträgern und ergänzten so mündlich die schriftliche Version ihrer Berichterstattung, die sie im Idealfall bereits Tage vor dem Treffen an ein konspirativ betriebenes Postfach geschickt hatten. Weiter wurden Unterlagen übergeben wie z. B. Mitgliederlisten, Protokolle, Gremienbeschlüsse, Presseerklärungen oder interne Rundschreiben und Anweisungen. Am Ende wurde die Dienstleistung bezahlt. In bar selbstverständlich.

Die Bezahlung war neben der Übergabe von Unterlagen immer der kritischste Punkt der Begegnung. Die Übergabe des Geldes und die gleichzeitige Unterzeichnung einer Quittung für den ausgehändigten Betrag sollten von anderen Gästen oder den Servicekräften keinesfalls beobachtet werden. So spielten sich an den Tischen oft seltsame Szenen ab. Geld wurde auffallend heimlich über oder unter den Tisch geschoben. Der Empfänger fasste danach und zählte konzentriert unter dem Tisch nach. Gelegentlich fiel schon mal ein Fünfziger zu Boden. Dann war in ähnlich obskurer Weise die Quittung zu unterzeichnen und zurückzubefördern.

Ebenso sollten Gesprächsinhalte nicht nach außen dringen oder Unterlagen eingesehen werden können, die vom VM präsentiert wurden. So verstummte plötzlich die Unterredung, sobald der Ober an den Tisch trat oder andere Gäste zu nahe kamen. Oder die überreichten Unterlagen wurden schnell entfernt, sobald sich jemand näherte. Das Verhalten am Tisch war oft so auffallend unnatürlich, dass es jedem normalen Menschen äußerst seltsam erscheinen und Verdacht erregen musste. Mir fielen diese Mechanismen gleich zu Beginn auf. Sie entsprangen eben der Macht der Gewohnheit, denen die routinierten Kollegen verfallen waren. Später, als mich der Stress und die Routine drückten, erging es mir ebenso. Öffentliche Räume sind eben nur unter disziplinierter Einhaltung strikter Verhaltensregeln gute Plätze für konspirative Treffen. Leider werden diese Zusammenhänge in der nachrichtendienstlichen Praxis sehr zum Nachteil der Sicherheit oft vergessen. Man nimmt sich die nötige Zeit nicht, manchmal aus Bequemlichkeit, aber auch viel zu oft, weil man sie schlichtweg nicht hat.

So lernte ich im Laufe einiger Wochen mehrere ältere Herren kennen, die schon über Jahre hinweg recht ergiebig überwiegend aus dem Alltag rechtsextremistischer Parteien berichteten. Inhaltlich erschienen mir die Berichterstattungen doch recht staubig und für jemanden meines damaligen Alters wenig aufregend. In solchen Organisationen geht es nun einmal recht behäbig zu. Parteitage waren das Höchste. Ansonsten mal ein paar Demos, öffentliche Veranstaltungen, interne Streitigkeiten und Mitgliederversammlungen. Und natürlich in Fülle schriftliche interne Unterlagen wie Thesenpapiere, Ein- und Austritte, Finanzen, nationale und internationale Kontakte, oder Unterwanderungsversuche durch Neonazis.

Die Persönlichkeitsstrukturen dieser V-Leute waren für mich aber sehr interessant. Was waren das für Leute, fragte ich mich. Waren sie überzeugte Parteiangehörige? Wieso arbeiteten sie für einen Nachrichtendienst zum Nachteil ihrer Organisation? War es nur das Geld, das sie motivierte? Hielten sie sich auch an die geforderte Geheimhaltung? Wie kamen sie klar mit diesem inneren Widerspruch, den ihr Job für unsere Behörde mit sich bringt? Wussten ihre Partner, was sie da machten? Wie verlief der Anwerbungsprozess und was ist aus diesen Leuten im Laufe der Zeit geworden? Was hat dieser Job mit ihnen gemacht? Denn mehr als ein Job soll sie ja auch nicht sein, die VM-Tätigkeit.

VM-Tätigkeit, was ist das?

Sie ist rechtlich bis ins Detail geregelt, die VM-Tätigkeit. Und nach dem NSU-Desaster wurden die Bestimmungen nochmals restriktiver. Ich steige nicht zu tief in dieses Thema ein. Ich beleuchte nur die Aspekte, die für das Verständnis meiner Schilderungen nötig sind. So darf kein arbeitsrechtlich bindendes Arbeitsverhältnis begründet werden, damit keine Rentenansprüche fällig werden. Deshalb darf es keine regelmäßigen Zahlungen in gleicher Höhe oder andere Routinen im Umgang mit diesen Leuten geben, die ein solches bestätigen würden. In der Praxis oft schwer durchzuhalten.

Die V-Leute haben Verschwiegenheit über ihre Tätigkeit und die Details, die sie in diesem Zusammenhang erfahren, zu bewahren. Dafür verspricht ihnen der Staat alles zu tun, was für ihre Sicherheit nötig ist. Sie haben sich an die Anweisungen der Behörde und des VM-Führers zu halten, dürfen keine Straftaten begehen und haben gewissenhaft und der Wahrheit entsprechend zu Berichten. In der Regel werden diese Menschen nach dem Verpflichtungsgesetz verpflichtet, mit vorheriger ausführlicher Belehrung natürlich und gegen Unterschrift. Dieser Akt stellt sie in bestimmten Zusammenhängen Amtsträgern gleich, gerade was die Geheimhaltung betrifft, oder verleiht ihnen gewisse Rechtfertigungsgründe bei niedrigschwelligen Verstößen, z. B. bei Propagandadelikten. Der VM ist also, rechtlich betrachtet, ein verlängerter Arm des Staates. Der Staat geht aufgrund dieser Konstellation mit seinen V-Leuten eine äußerst problematische Symbiose ein, wie wir an diversen, öffentlich gewordenen Beispielen (NSU etc.) sehen können und wie sich auch in meinen weiteren Erzählungen noch zeigen wird. Für den VM-Führer ist dies eine große Herausforderung und eine ständige Gefahr. Er kann nie sicher sein, ob der VM tatsächlich zuverlässig ist, sich an Vorgaben und Absprachen hält, den Anforderungen gerecht wird, klug handelt, nicht aufgeplatzt ist und auch nicht kriminell wird. Dennoch trägt er die Verantwortung für das Handeln dieser Leute. Deren rechtlich relevantes Fehlverhalten muss er zunächst sich zurechnen lassen und wird im schlimmsten Falle mit nach unten gerissen, sofern er in der regelmäßigen Dokumentation der Kontakte und Vereinbarungen mit seinem VM schlampig gearbeitet hat.

Ebenso kann auch der VM nicht sicher sein, dass der Staat sich an sein Versprechen hält, ihm die zugesagte Unterstützung und Sicherheit zu gewähren. Sollte der VM durch seine VM-Tätigkeit auf Grund unglücklicher Umstände unverschuldet in ein Strafverfahren gelangen, weil z. B. die Szene, in der er verkehrt von der Justiz später als kriminelle oder terroristische Vereinigung eingestuft wird, kann ihm die Behörde nicht helfen. Er wird im Verfahren enttarnt und zur Rechenschaft gezogen werden. So ist nun mal das deutsche Rechtssystem. Auch durch unglückliche, stümperhafte Verwaltungsabläufe innerhalb der Verfassungsschutzbehörden ist so mancher VM schon aufgeplatzt. Die damit verbundenen Belastungen, das Stigma, trägt er dann allein. Die magere finanzielle Unterstützung der Behörde kann die damit verbundenen Lebensbrüche nicht im Ansatz ausgleichen. Sie ist eben eine Illusion, die Symbiose zwischen Behörde und VM. Sie passt nicht zum deutschen Rechtssystem. Solange man sich in strafrechtlich unbedeutenden Organisationen bewegt, kommt man relativ gut über die Runden. Obwohl man auch beim NPD-Verbotsverfahren gesehen hat, dass durch unglückliches politisches und behördliches Agieren auch in solchen Milieus für die V-Leute erhebliche Gefahren lauern.

Noch problematischer wird es in strafrechtlich relevanten Szenerien, also dort, wo Politik und Medien die Nachrichtendienste sehen wollen: in gewalttätigen Nazigruppen und linksextremistischen Zirkeln, in Terrororganisationen aller Schattierungen, in der Organisierten Kriminalität und in gewalttätigen ausländischen Politstrukturen. Behörde und VM, die strikt dem Gesetz verpflichtet sind, haben dort nichts verloren, so meine Meinung mittlerweile. Sie werden sich nur im unbedeutenden Dunstkreis dieser Strukturen aufhalten können. Andernfalls drohen ihnen Strafverfahren vor deutschen Gerichten. Unser Rechtssystem sieht keinen Raum vor für ein rechtlich sauber geregeltes effektives Agieren des Staates und seines verlängerten Arms in diesen Milieus. Das Chance-Risiko-Verhältnis ist für beide, für den VM und für die Behörde, äußerst schlecht.

So, jetzt aber wieder zurück zu meinen ersten Erfahrungen in der VM-Führung. Was motivierte diese Menschen, die ich damals kennenlernte, wirklich. Es war wohl das Geld, wie ich unschwer feststellen konnte. Sie teilten die Auffassungen der Organisation, deren sie angehörten, aber sie mochten nicht mehr an den ersehnten Systemwechsel glauben. Sie hatten innerlich resigniert. So arrangierte man sich eben mit der Realität und schlug auch noch Kapital daraus, indem man den Nachrichtendienst an seinen Einblicken teilhaben ließ. Für V-Leute, die in Parteistrukturen eingesetzt sind, ist diese Tätigkeit, je nach Zugangstiefe, ein einträgliches Geschäft mit überschaubarem Risiko. Allerdings hat auch das seinen Preis. Viele litten an Verräterkomplexen. Sie mussten eben auch über Parteimitglieder berichten, mit denen sie befreundet waren. Und das tat der Seele nicht gut.

Die Frage, was Menschen bewegt, sich als VM zur Verfügung zu stellen oder anders formuliert, wie man Menschen dazu bewegen kann, sich auf diese Tätigkeit einzulassen, sollte mich später noch ausführlich beschäftigen.

Geschafft: Ich bin VM-Führer

Nachdem ich meine Kollegen mehrmals zu ihren V-Leuten begleitet hatte, sollte ich diese vertretungsweise auch allein treffen und die Geschäfte mit ihnen abwickeln. Eine anspruchsvolle Aufgabe für mich. Ich musste die Treffs gründlich vorbereiten, für ein sicheres Umfeld sorgen, mit meinen Treffpartnern überzeugend und in der Sache kompetent kommunizieren, damit sie sich gut betreut und sicher fühlten. Ja, und die Berichte sollten aussagekräftig und für die Bedürfnisse der Auswertungsabteilung brauchbar formuliert werden. Dabei stand ich unter genauer Beobachtung meiner Kollegen, unseres Chefs und des Leiters der Beschaffungsabteilung. Sie hatten letztendlich zu entscheiden, ob ich für diese Arbeit auch wirklich taugte. Mir gefiel diese Tätigkeit sehr und offensichtlich konnte ich auch meine Vorgesetzten überzeugen. Nach einigen Monaten der praktischen Einarbeitung in die VM-Führung wurden mir zwei V-Leute angeboten, die ich eigenverantwortlich übernehmen sollte. Es handelte sich um junge Männer, die in Neonazigruppen aktiv waren und erst vor Kurzem angeworben worden waren. Da ich der einzige junge angehende VM-Führer im Team war, schien ich der geeignete Partner für die Neuzugänge zu sein. Für mich meine erste große Herausforderung.

Henner

Henner war etwa zwanzig Jahre alt, als ich ihn kennenlernte. Sein Vater starb früh, so wurde er von seiner Mutter allein großgezogen. Henner besuchte das Gymnasium und heuerte sofort nach dem Abitur bei der Bundeswehr als Wehrpflichtiger an. Schon während seiner Schulzeit hatte er Kontakte zu rechten Jugendgangs. Bei denen fand er wohl so etwas wie Heimat. Außerdem fühlte sich Henner zum Soldatischen hingezogen, wie die allermeisten seiner »Kameraden«. In der Bundeswehr musste er mit seiner Sympathie für rechte Weltanschauungen dem Militärischen Abschirmdienst (MAD) aufgefallen sein. Denn die Herren vom bundeswehreigenen ND befragten ihn mehrmals und warben ihn als Informanten an. Er musste gute Arbeit für den MAD geleistet haben, denn man bot Henner, der bald aus der Bundeswehr ausscheiden sollte, unserer Behörde an. Mit dem Verlassen der Bundeswehr endet die Zuständigkeit des MAD. Natürlich geschah dies nur mit Henners ausdrücklicher vorheriger Zustimmung.

Meine Behörde unterhielt sehr gute Beziehungen zum MAD. Wir arbeiteten konstruktiv und vertrauensvoll zusammen. Deshalb vermittelte man gerne zuverlässige V-Leute an den anderen, sobald die jeweilige Zuständigkeit gegeben war. Am Tage, als ich Henner kennenlernen sollte, fuhr der Kollege, der in unserem Sachgebiet als Kontaktbeamter zum MAD fungierte, mit mir zur Kaserne, in der Henner seinen Dienst verrichtete. Wir wurden dort von dem MAD-Mitarbeiter empfangen, der Henner bisher betreut hatte. Er erzählte ausführlich über die Anwerbung von Henner, dessen Persönlichkeitsstruktur und schilderte die durchweg positiven Erfahrungen, die sie mit dessen Leistung gemacht hatten. Er sei ein zuverlässiger, wertvoller Informant gewesen, so die abschließende Aussage.

Nachdem unsere Unterredung abgeschlossen war, ließ man Henner rufen. Ich wurde ihm unter meinem Decknamen als der angekündigte Vertreter des LfV vorgestellt. Wie ich feststellen konnte, war Henner gut auf die Übergabe an unsere Behörde vorbereitet. Ich erwähnte ein paar Einzelheiten zu meiner Person und den Aufgabenspektren, für die unsere Behörde zuständig sei. Dann fragte ich, ob er an einer Zusammenarbeit mit uns interessiert sei. Er müsse sich jetzt noch nicht festlegen. Er könne sich ausführlich und unverbindlich informieren, erst mal reinschnuppern, schob ich nach. Henner ließ sich auf mein Angebot ein. Ich gab ihm meine dienstliche Telefonnummer, eine abgetarnte Festnetznummer mit aufgeschaltetem Anrufbeantworter (Handys gab es Mitte der 1980er noch nicht) und bat ihn, mich anzurufen, sobald er aus der Bundeswehr entlassen sei. Wir würden uns dann treffen und uns ausführlich über unsere Pläne mit ihm unterhalten.

Jetzt hatte ich also meinen ersten V-Mann, für den ich ganz allein verantwortlich sein sollte. Ich fühlte mich ein bisschen stolz, aber ich hatte auch gehörig Respekt vor den Herausforderungen, die auf mich zukommen würden. Natürlich konnte ich jederzeit meine Kollegen und meinen Vorgesetzten konsultieren. Dennoch war ich nun alleine verantwortlich für die Sicherheit des VM, die Durchführung von Treffs, den Aufbau und Betrieb von sicheren Kommunikationslinien mit dem VM und für alle oft so problematischen Aspekte der Führung des VM auf seinem Weg in die anvisierten Beobachtungsobjekte hinein und hindurch. Zunächst versuchte ich mir anhand der Aktenlage einen Einblick in die Persönlichkeitsstruktur von Henner zu machen. Doch die war diesbezüglich leider sehr dürftig. Ich fand keine Hinweise, die meine Frage beantworten konnte, wieso er für einen ND arbeiten wollte, obwohl er dadurch seine vertrauten Bezugspersonen verriet. War es wieder mal nur das Geld? Im Laufe der folgenden Monate sollte ich Antworten auf meine Frage erhalten.

Henner ist raus

Etwa zwei Wochen nach unserer ersten Begegnung in der Kaserne meldete sich Henner telefonisch bei mir. Er sei Ende des Monats wieder Zivilist, sagte er und wir könnten uns treffen. Ein passender Zeitpunkt war schnell gefunden, doch bezüglich eines geeigneten

Treffpunkts war ich unsicher. Ich wusste nicht, wie Henner ohne Uniform aussehen würde, wie er gekleidet wäre und welche Örtlichkeit uns die meisten Möglichkeiten und Schutz bot. Der Einfachheit halber schlug ich eine bekannte Gaststätte am Bahnhof unserer Landeshauptstadt vor. Dort wären viele Durchreisende und das würde für ausreichend Anonymität sorgen, dachte ich. Henner war einverstanden. Aber als wir uns dort trafen, war doch vieles anders, als von mir erwartet.

Henner erschien in Jeans, Bomberjacke, Springerstiefeln und extremen Kurzhaarschnitt. An der Jacke hingen einige White-Power-Aufnäher mit zweifelhaften Botschaften. Er war gekleidet, wie ein Nazi sich eben kleidet. Wieso hatte ich nicht damit gerechnet? Ich erschien in bürgerlichem Outfit, wie es unter Beamten eben üblich ist. Dann war die Gaststätte voller als erwartet. Mit Mühe fanden wir einen Tisch für uns allein, sahen uns aber umzingelt von anderen Gästen, die für ein vertrauliches Gespräch viel zu dicht bei uns saßen. Wie sollte ich da all die brisanten Themen ansprechen, auf die ich eingehen musste? Und wegen Henners Outfit starrten uns alle an. Wir passten optisch nicht zusammen und gaben dadurch ein obskures Erscheinungsbild ab, das die Aufmerksamkeit auf sich zog. Und schon war sie dahin, die dringend benötigte Anonymität! Mir war das alles sehr peinlich. Ich fragte Henner, ob er etwas essen und trinken wollte, er sei natürlich eingeladen. Zum Glück hatte er ordentlich Hunger mitgebracht. Nachdem wir eine Weile saßen und unser Essen aufgetischt bekommen hatten, ließen die Blicke langsam von uns ab. Wir waren ein Teil des Bahnhof-Gaststätten-Milieus geworden und nicht länger interessant.

Henner spürte, wie unwohl ich mich fühlte. Ich verlor mich in allgemeinem Blabla und erwähnte nur beiläufig, dass die Örtlichkeit hier nicht die nötigen Voraussetzungen für intensivere Beratungen für unsere geschäftlichen Angelegenheiten bieten würde. Wir müssten uns vertagen, baldmöglichst einen neuen Termin finden, war mein Vorschlag. Henner empfand die Situation ähnlich unpassend und wir beließen es bei einem gemütlichen Abendessen, ohne zum eigentlichen Thema gekommen zu sein.

Das nächste Mal lief alles schon viel besser. Ich hatte mir ausreichend Zeit für die Recherche nach einem geeigneten Lokal genommen. Intern wird dieser Arbeitsschritt auch Treffvorbereitung genannt. Für das Treffen tauschte ich extra meine Business-Klamotten in Freizeitkleidung. Henner erschien im gleichen Outfit wie letztes Mal. Ich hatte uns einen passenden Platz ausgesucht, ganz hinten im Raum mit freiem Blick zu allen Tischen, den Rücken an der Wand mit bequemem Abstand zur nächsten Sitzgruppe. Nach diesem Muster werden in der nachrichtendienstlichen Welt im allgemeinen VM-Treffs in öffentlichen Lokalen organisiert. Ein Ritual, das nur oberflächlich Sicherheit bringt. Trotz Freizeitkleidung war nicht zu verbergen, dass mein Treffpartner und ich unterschiedlichen Milieus angehörten. Die Servicekraft in der Gaststätte hatte dies sofort registriert und uns auffällig gemustert. Dazu machte uns die seltsame Platzwahl verdächtig. Wir wählten den letzten Tisch ganz hinten, obwohl weiter vorne im Eingangsbereich ausreichend attraktive Angebote zur Verfügung gestanden hätten. Daraus lernte ich, dass Servicekräfte ein feines Gespür für ihre Kundschaft haben, das nicht unterschätzt werden sollte.

Nun ja, wir hatten jedenfalls endlich die Gelegenheit, uns ungestört unterhalten zu können. Zunächst interessierte ich mich für Henners bisheriges Leben. Wie es gelaufen war, welche Schule er besucht und welche Zukunftspläne er hatte. Henner erzählte, er habe seinen Vater früh verloren. Das sei nicht leicht gewesen für ihn und seine Mutter. Seine Mutter habe immer gewollte, dass aus ihm einmal etwas werde. Auf ihr Drängen hin habe er ein Humanistisches Gymnasium besucht und Abitur gemacht. Danach habe er sich bei der Bundeswehr für zwei Jahre verpflichtet. Er sei seit seiner Jugend fasziniert von allem, was mit Militär zu tun habe. Er sei auch ein großer Fan der Wehrmacht und ihrer soldatischen Leistungen, die heute leider zu wenig gewürdigt würden. Er glaube auch nicht an die Verbrechen, die der Wehrmacht von den Siegermächten untergeschoben würden. Das sei alles Propaganda. Als Jugendlicher habe er sich einer rechten Jugendgang angeschlossen und über diese Szene sei er mit Nazis in Kontakt gekommen. Dort fühle er sich gut aufgehoben mit seinem derzeitigen Lebensgefühl, obwohl er deren politische Auffassungen nicht in allem teilen könne.

Ich fragte weiter, wie er sich nun sein Leben vorstelle. Was er machen wolle und wie es bei ihm weitergehen solle. Henner antwortete, er habe noch keine genauen Vorstellungen, aber er werde die nächsten Monate erstmal gar nichts machen. Er habe Geld zurückgelegt, davon könne er gut ein Jahr leben. Miete müsse er nicht bezahlen, da er noch bei seiner Mutter wohne. Dies klang vielversprechend in meinen Ohren. Beste Voraussetzungen für die Pläne, die ich mit ihm hatte. Jetzt musste ich ihn nur noch von meinem Angebot überzeugen.

Ob Henner anbeißen wird?

Ich war sehr angespannt, als ich unser Gespräch überleitete zu meinem Anliegen. Natürlich war ich inhaltlich gut vorbereitet. Ich hatte alle Themenfelder parat, die den Vorschriften gemäß bei der Unterbreitung eines Angebots auf Zusammenarbeit mit uns zu behandeln waren. Aber in der Kunst der Gesprächsführung war ich noch ein blutiger Anfänger. Die Behörde bot keine professionelle Ausbildung in dieser Disziplin an. Außer den Tipps meiner Kollegen blieb mir nur meine Intuition. Learning by doing also, wie so oft in all den Jahren meiner operativen Tätigkeit.

In diesem Falle kam mir das vorausgegangene Arrangement Henners mit dem MAD zugute. Er kannte den Prozess und die Rahmenbedingungen einer vertraulichen Zusammenarbeit mit einem ND bereits, auch wenn die Arbeitsweisen und rechtlichen Rahmenbedingungen der beiden Dienste unterschiedlich sind. Ich fragte Henner also konkret, ob er sich vorstellen könne, seine Kontakte zu rechten Gruppen auch für die Interessen meiner Behörde zur Verfügung zu stellen und auszubauen. Ja schon, meinte Henner. Seine Entscheidung hänge aber von den Konditionen ab, die ich anbiete. Also startete ich mit einem längeren Vortrag.

Ich erklärte kurz die gesetzliche Aufgabe meiner Behörde, die sich im Groben auf die Beobachtung verfassungsfeindlicher Bestrebungen, wie z. B. der rechtsextremistischen Szene, konzentriere. Zur Erfüllung dieser Aufgabe könnten wir uns sogenannter VMs, also vertraulicher Mitarbeiter, bedienen, die wir intern Quellen nannten. Mein Angebot an ihn sei nun, dass er ein solcher VM werden könne. Die Zusammenarbeit sei allerdings an bestimmte Bedingungen geknüpft und der Umgang der Behörde mit V-Leuten sei durch Rechtsvorschriften genau geregelt. Die Basis bilde der Grundsatz der Freiwilligkeit. Er könne jederzeit ohne Angabe von Gründen die Zusammenarbeit beenden. Gleiches gelte für die Behörde. Die Behörde habe, anders als im Umfeld der Bundeswehr, keine Weisungsbefugnis ihm gegenüber. Ein zweiter Grundsatz sei der der Verschwiegenheit. Henner müsse seine Zusammenarbeit mit uns geheim halten. Ebenso sei die Behörde verpflichtet, die Verbindung zu ihm geheim zu halten und alles dafür zu tun, dass seine VM-Tätigkeit nicht öffentlich werde und er dadurch Nachteile erleide. Ein gegenseitiges Vertrauensverhältnis sei also unbedingt erforderlich.

Weiter sei er als VM verpflichtet, im Rahmen seiner Tätigkeit keine Straftaten zu begehen. Er müsse sich an die getroffenen Absprachen halten und habe Gespräche mit seinem VM-Führer geheim zu halten. Das taktische Vorgehen werde mit ihm detailliert besprochen. Er allein entscheide aber, welche Schritte er gehen wolle und welche nicht. Es werde kein Druck auf ihn ausgeübt. Für seine Tätigkeit werde er finanziell entlohnt. Die Auslagen würden extra erstattet. Für die behördeninterne Bearbeitung erhalte er einen Decknamen, mit dem er auch die Quittungen zu unterschreiben habe, die bei der Auszahlung von Geld an ihn auszustellen seien. Trotz möglicherweise langjähriger Zusammenarbeit werde rechtlich kein Arbeitsverhältnis begründet, aus dem sich Rentenansprüche ableiten ließen.

Sollte er sich auf eine Mitarbeit einlassen, fuhr ich fort, werde er noch einmal ausführlich über die rechtlichen Details belehrt und er müsse eine Erklärung unterschreiben, die dokumentiere, dass er von all den Bedingungen Kenntnis erhalten und die Inhalte auch verstanden habe. Nach einer Probezeit von einem halben Jahr werde von uns entschieden, ob wir weiter mit ihm arbeiten wollen. Für diesen Fall müsse er eine Verpflichtungserklärung nach dem Verpflichtungsgesetz unterschreiben, die ihn in ein besonderes Rechtsverhältnis versetzen und rechtlich enger an die Behörde binden würde. In erster Linie würde dadurch seine Pflicht zur Geheimhaltung unterstrichen. Verletzungen dieser Verpflichtungen durch ihn könnten zu strafrechtlichen Konsequenzen führen. Der Grundsatz der Freiwilligkeit sei damit aber nicht aufgehoben. Er könne die Zusammenarbeit trotzdem jederzeit beenden.

Nachdem ich meinen bürokratischen Vortrag beendet hatte, dachte ich, Henner wäre zutiefst abgeschreckt und würde abwinken. Stattdessen wollte er wissen, wieviel man denn als VM verdienen könne.

Das liebe Geld

Um spätere Missverständnisse zu vermeiden, wollte ich auch dieses Thema möglichst ausführlich und transparent darstellen. Die Quellenvergütung, wie die Bezahlung von Quellen (V-Leuten) für ihre Bemühungen intern genannt wird, ist ein sehr komplexes Thema. Es ist oft Anlass für Meinungsverschiedenheiten mit dem VM oder für behördeninterne Streitigkeiten. Unter den verschiedenen Verfassungsschutzbehörden in Deutschland gibt es keine einheitlichen Verfahrensweisen. Übereinstimmung herrscht aber bezüglich der Basiskriterien, die bei der Berechnung der Bezahlung zu berücksichtigen sind. Diese sind im Allgemeinen der Nachrichtengehalt der Berichterstattung, der zeitliche Aufwand für die Informationsgewinnung, die damit verbundenen persönlichen Belastungen und die Sicherheitsrisiken, die der VM durch seine Tätigkeit eingeht. Die Abwägungen im Einzelfall bleiben aber sehr subjektiv, wirken im Vergleich der Bezahlungen verschiedener V-Leute untereinander oft nicht gerecht und berücksichtigen einen wesentlichen Aspekt nicht im Ansatz ausreichend: Die Einschränkungen der Lebensqualität und die emotionalen Belastungen, die ein ehrlicher VM für eine längerfristige Tätigkeit hinnehmen muss. Hinzu kommen die oft begrenzten Budgets, die Behörden für Quellenvergütungen zur Verfügung haben. In turbulenten Zeiten kann es dann schon mal in den letzten Monaten eines Geschäftsjahres zu finanziellen Engpässen und daraus resultierenden peinlichen Kürzungen der versprochenen VM-Vergütung kommen.

Die an die V-Leute ausbezahlten Vergütungen sind von deren Führungsbeamten peinlichst genau zu dokumentieren und per Auszahlungsquittung nachzuweisen. Ebenso sind die sogenannten Treffkosten, also die Bewirtungskosten (Gaststätten etc.) die im Rahmen der VM-Treffs entstehen, genau zu dokumentieren. Am Ende des

Monats sind alle Ausgaben, die ein VM-Führer vorgenommen hat, dem Referatsleiter gegenüber abzurechnen und mit dem Barvorschuss gegenzurechnen, den der Beamte am Anfang des Monats für zu erwartende Ausgaben erhalten hat. Bei Zuwiderhandlungen drohen drastische dienstrechtliche Konsequenzen. Zum Jahresende werden sämtliche angefallenen operative Kosten (VM-Vergütungen, Auslagen, Treffkosten) dem Innenministerium gemeldet. Von dort werden auch die Budgets für das kommende Jahr festgelegt. Sämtliche Bezahlvorgänge, die im Zusammenhang mit dem Einsatz von V-Leuten stehen, sind innerhalb der Behörden also äußerst transparent und können jederzeit von den verantwortlichen Vorgesetzten und den installierten Kontrollorganen eingesehen werden. Dennoch kommt es in Einzelfällen immer wieder zu Veruntreuungen und Unterschlagungen von Geldern durch Beamte. In der Regel bleiben diese Gaunereien schon wegen der eingebauten Kontrollmechanismen nicht lange unentdeckt. Als Konsequenz drohen zu Recht harte Strafen bis hin zur Entlassung aus dem Beamtenverhältnis.

Kehren wir von diesem kurzen Exkurs in die Theorie der VM-Vergütung zurück zu meinem Gespräch mit Henner. Ihm brummte der Schädel, nachdem ich ihn mit diesen bürokratischen Details malträtiert hatte, das war deutlich zu sehen. Ich musste konkreter werden, deshalb versuchte ich, anhand eines Modells verständlicher zu werden. Ich rechnete Henner vor, wie die Bezahlung aussehe, wenn er einer Nazigruppe beitreten und sich dort engagieren würde. Solche Milieus bieten regelmäßige Kameradschaftsabende an, die in der Regel einmal die Woche stattfinden. Für den Besuch eines solchen Abends könnte ich 80,00 DM anbieten – wir befinden uns in den 1980ern, der Euro war noch in weiter Ferne –, wenn die Informationen zuverlässig und von guter Qualität wären, erklärte ich. Auslagen würden extra erstattet. Das wären für ihn im Monat dann 320,00 DM netto. Viel Geld für die damalige Zeit. Bezahlt würden aber nur die tatsächlich wahrgenommenen Termine. Nehme er sie nicht wahr, auch wenn er festes Mitglied der Gruppe geworden sei, gäbe es keine Bezahlung. Sozialleistungen seien nicht vorgesehen.

Henner überlegte kurz und meinte, okay, mit diesen Konditionen könne er gut leben. Er würde sich gerne mal zur Probe auf den Deal einlassen. Wie es aussah, war also das Geld Henners Motivation. Später wurde deutlich, dass ihn nicht der Verdienst allein antrieb. Ebenso waren für ihn ideelle Anreize ausschlaggebend. Er fühlte sich besonders wertgeschätzt, dass er für einen Nachrichtendienst von Bedeutung war und er dadurch eine Aufgabe hatte, die ihm Bestätigung gab. Die Vorstellung, Teil einer geheimen Operation zu sein, von der niemand etwas wissen durfte, und die daraus resultierenden Verhaltenskodizes brachten eine verlockende Spannung in sein sonst eher wenig aufregendes Leben.

Passt Henner in den Job?

Ich war erleichtert. Nun konnten wir uns dem herausforderndsten Schritt zuwenden: Den operativen Zielen, die wir mit Henner ansteuern könnten. Dazu musste genau analysiert werden, welche Kontakte er zu welchen Milieus hatte, ob diese für uns interessant wären, ob Henner über genügend Resilienz verfügte für die auf ihn zukommenden Belastungen und ob er genügend Zeit für seine Aufgaben investieren konnte. Henners Kontakte waren schon mal sehr vielversprechend. Die Namen, die er mir nannte, waren mir bekannt. Ebenso die Milieus um diese Personen. Wir hatten dort noch keinen VM installiert, wir waren in diesen Kreisen also noch nicht vertreten, wie man intern zu sagen pflegt, weshalb ich eine Zusammenarbeit mit Henner als eine für uns lukrative Option hielt.

Es war ein anstrengendes Gespräch, das wir bei diesem zweiten Treffen geführt hatten. Doch bevor wir auseinandergingen, vereinbarten wir noch einen konkreten Aktionsschritt für Henner: Er sollte seinen Kontakten in eine bestimmte Gruppe hinein wieder mehr Interesse signalisieren und auf eine Einladung zu einem Kameradschaftsabend hinwirken. Auf Anraten des MAD hatte Henner diese Verbindung in den letzten Monaten seiner Dienstzeit schleifen lassen, weil sie für den MAD nicht interessant war. Henner sah gute Chancen für unseren Plan. Wir vereinbarten, er werde sich bei mir telefonisch melden, sobald er erste Reaktionen aus unserer Zielgruppe habe.

Nach den Anfangsschwierigkeiten erlebte ich nun also die erhoffte positive Wende in meiner ersten operativen Aufgabenstellung. Meine Vorgesetzten dürften erstmal zufrieden mit mir sein.

Martin

Parallel zu Henner betreute ich einen weiteren VM, der in neonazistischen Zusammenhängen eingesetzt werden sollte: Martin. Er war Ende zwanzig, von Beruf kaufmännischer Angestellter und lebte in einem Kurort, einer Stadt mit etwa 15.000 Einwohnern, ca. 200 Kilometer von unserer Landeshauptstadt entfernt. Martin war vor zwei Monaten angeworben worden. Er hatte sich also bereits für eine Zusammenarbeit mit uns entschieden, war über alle wesentlichen theoretischen Belange informiert und er war auch schon erfolgreich unterwegs in der vorgesehenen Zielgruppe. Unser Werber, der Kollege, der ihn angeworben und bisher begleitet hatte, wollte ihn loswerden, da er so viel zu tun hatte und darüber hinaus in absehbarer Zeit eine Führungsaufgabe übernehmen sollte. Er war für eine Karriere als Referatsleiter vorgesehen.

In dem Kurort, in dem Martin lebte, trieb ein Altnazi, ein ehemaliger Angehöriger der Waffen-SS, sein Unwesen. Nennen wir ihn Adolf. Der unterhielt einen rechtsextremistischen Verlag, über den er revisionistische Ideen über deutsche Grenzen hinaus verbreitete. Er galt als gut vernetzt in der internationalen Naziszene. Dazu scharte er junge Leute um sich, die er ideologisierte. Ein wichtiges Aufklärungsziel für unsere Behörde. Wir waren auch in dieser Gruppe noch nicht vertreten. Einige frühere Anwerbeversuche in Adolfs Umfeld waren leider gescheitert. Deshalb war Martin für uns besonders wichtig, die Chance also, unser Informationsdefizit in dieser Region auszugleichen.

Ich lerne Martin kennen

Ich freute mich auf den Tag, an dem mein Kollege mit mir aufbrach, um mich Martin vorzustellen und mir die Verantwortung für ihn zu übertragen. Vorher besprachen wir noch die Details. Mein Kollege informierte mich ausführlich über seine Eindrücke, die er zu Martin gesammelt hatte, und welche Entwicklungschancen er in ihm sah. Ich erfuhr, unter welchem Decknamen mein Kollege sich Martin bekannt gemacht und welche Kommunikationslinien er zu ihm unterhalten hatte. All diese Einzelheiten waren auch in Martins Personalakte nachzulesen, die mir übergeben wurde.

Zu jedem VM ist eine Personalakte (P-Akte) zu führen, in die alle wesentlichen Details aufzunehmen sind, die zu ihm, zu seiner Person, seinen Lebensumständen und sonstige Entwicklungen, die für das Innenverhältnis des VM zum VM-Führer und der Behörde von Bedeutung sein könnten. In dieser Akte finden sich auch alle rechtsverbindlichen Belehrungen des VM, zu seinem Verhalten im Beobachtungsobjekt und der Behörde gegenüber, alle Aufzeichnungen zu ausbezahlten Beträgen, die er für seine Leistungen erhalten hat und die Aktenvermerke, die regelmäßig vom VM-Führer über taktische Absprachen, operative Zielsetzungen und die persönliche Entwicklung des VM anzufertigen sind. Die P-Akten sind mit jedem neu einzufügenden Schreiben den Vorgesetzten vorzulegen.

Wir reisten mit dem Dienstwagen des Kollegen an. Unterwegs suchten wir noch einen geeigneten Platz zum Wechseln der Kennzeichen. Wir wählten das Kennzeichen des Landkreises, in dem Martin wohnte. Mein Kollege hatte sich schon zu Beginn der Werbeaktion des Martin dieses Kennzeichen ausstellen lassen. Jeder VM-Führer verfügt für den von ihm genutzten Dienstwagen über mehrere Kennzeichensätze, die hauptsächlich die Wohnorte seiner V-Leute abdecken. Diese Kennzeichen, wir nennen sie Tarnkennzeichen, sollen den unauffälligen Aufenthalt im Operationsgebiet erleichtern. Sie werden von den jeweiligen Landratsämtern mit dazu passenden Fahrzeugscheinen auf Antrag geliefert. Die Herstellung und Verwendung dieser Kennzeichen sind rechtlich sauber geregelt.

Nur der Wechsel der Kennzeichen am Fahrzeug ist nicht immer problemlos. Man sollte dabei nicht beobachtet werden. Sonst drohen polizeiliche Fahndungen, die zu peinlichen Situationen für den VM-Führer und lästigen Stellungnahmen zu den dadurch verursachten Komplikationen führen können. Sichere Wechselplätze sind ein wichtiges Instrument in dem komplexen Gefüge der nachrichtendienstlichen Abläufe, die zur eigenen Sicherheit und der des VM permanent berücksichtigt werden müssen. Jeder VM-Führer ist deshalb ständig auf der Suche nach geeigneten Wechselplätzen. Ich kannte diese Problematik bereits aus meiner Zeit bei der Observationsgruppe. Dort waren wir ständig am Kennzeichenwechseln.

Wir trafen Martin in einer gutbürgerlichen Wirtschaft im Stadtgebiet seines Wohnortes. Ich vermutete, dass sich mein Kollege hier schon öfter mit ihm getroffen hatte, da Martin bereits an einem strategisch klug gewählten Tisch saß und auf uns wartete. Wir begrüßten einander und ich wurde ihm von meinem Kollegen mit meinem Decknamen vorgestellt. Während mein Kollege die Unterredung leitete, inspizierte ich die Trefförtlichkeit und das Geschehen um uns herum. Dabei fielen meine Blicke immer wieder auf Martin und auf seine Gestik. Ich versuchte, einen ersten Eindruck von ihm zu gewinnen. Ihm schien es ähnlich zu gehen. Auch er musterte mich auffallend.

Solche Wechsel in der VM-Führung sind oft kritisch. Wir nennen sie intern Übergaben: Ein VM wird an einen anderen VM-Führer übergeben. Die V-Leute sind in der Regel gut auf ihren VM-Führer eingespielt und fürchten einen Wechsel. Vertraute Beziehungen müssen aufgegeben werden. Und ob die neue Beziehung ebenso gut gelingt, ist ungewiss. Die erste Übergabe findet einige Monate nach der Anwerbung des VM statt. Der Beamte, der die Anwerbungen durchführt, der Werber eben, betreut die erfolgreich angeworbenen V-Leute so lange, bis deren Vertrauenswürdigkeit zuverlässig beurteilt werden kann. Erst dann werden sie an einen VM-Führer oder in heutiger Zeit auch an eine VM-Führerin zur weiteren Betreuung übergeben.

Werber tragen also zu Gunsten des später eingebundenen VM-Führers das höhere Risiko, einem falschen Spiel ausgesetzt zu sein. Es kommt immer wieder vor, dass Zielpersonen zum Schein auf eine Anwerbung eingehen, ihr Szeneumfeld darüber informieren und bei günstiger Gelegenheit den Werber medienwirksam aufplatzen lassen oder diesen in eine Falle locken und mit Unterstützung der Szene körperlich attackieren. Ein Werber muss also ständig auf der

Hut sein. Und ein VM sollte erst dann in die VM-Führung gehen, wenn er für diese kein Risiko mehr darstellt. Soweit die Theorie. Die Praxis gestaltet sich oft komplexer.

Bei Martin bestand aber kein Zweifel. Er war selbst kein Nazi. Die Motive für seine Mitarbeit lagen neben den finanziellen Anreizen eindeutig in der Wertschätzung, die er durch das Interesse eines Nachrichtendienstes an seiner Person empfand. Martin war von kleiner Gestalt, für seine Körpergröße zu dick und trotz seines jungen Alters schon recht kahl am Kopf. Bei Frauen konnte er auch nicht landen, wie ich später erfuhr. Sein Selbstwertgefühl war deshalb arg strapaziert. Da kam die VM-Tätigkeit gerade recht. Sie gab ihm Selbstwert und das Gefühl, Bedeutung zu haben.

Nachdem mein Kollege Martin abgeschöpft hatte – so nennen wir intern den detaillierten Austausch über die Informationen, die ein VM aus dem Beobachtungsobjekt gewinnen konnte –, übernahm ich das Gespräch. Einleitend brachte ich zum Ausdruck, wie wertvoll seine Arbeit für uns sei und wie wichtig es mir sei, dass er mit meiner Betreuung ebenso zufrieden sein würde, wie er es bisher mit meinem Kollegen gewesen sei. Ich bat ihn ausdrücklich, Verhaltensweisen meinerseits oder Entwicklungen, die ihm nicht gefallen würden, sofort anzusprechen. Mir sei sehr an einer guten, vertrauensvollen Zusammenarbeit gelegen. Wir wollten ihn auf keinen Fall verlieren. Dann interessierte ich mich für ihn als Person, für seine Lebensumstände, die beruflichen Herausforderungen, seine Hobbies und die Lebensziele, die er verfolgte. Es entwickelte sich ein anregendes Gespräch. Ich schien ihm nicht unsympathisch zu sein.

Weiter wollte ich wissen, wie er emotional mit der Nazigruppe zurechtkäme, in der er für uns tätig sei. Die politischen Auffassungen dieser Leute seien ihm zutiefst zuwider, antwortete

Martin ehrlich. Er habe aber mit der Rolle, die er dort spielen müsse, noch keine Probleme. Der Job mache ihm großen Spaß. Solange er dadurch keine persönlichen Nachteile habe, bleibe er engagiert dabei. Martins Antwort offenbarte etwas von den emotionalen Spannungen, die die VM-Tätigkeit in ihm erzeugte. Ein wichtiges Signal für mich. Ein Thema, an dem ich dranbleiben musste. Ich war sehr zufrieden mit dem Gesprächsverlauf. Wir tauschten noch unsere gegenseitigen Erreichbarkeiten aus und vereinbarten ein erneutes Treffen in 14 Tagen, wieder in diesem Lokal, aber dann ohne meinen Kollegen. Jetzt war ich also für zwei V-Leute verantwortlich, die noch recht jung und unerfahren in diesem Metier waren, wie ich auch. Ob das gut gehen würde?

Henner hat ein glückliches Händchen

Henner meldete sich. Er fragte, ob wir uns treffen könnten. Er hätte Neuigkeiten für mich. Ich schlug als Trefförtlichkeit das Lokal vor, in dem wir uns letztes Mal gesehen hatten. Für mich hieß es also wieder, Garderobe wechseln. Als wir das Lokal betraten, registrierten uns sofort die Bedienungen, die auch schon bei unserem letzten Besuch da gewesen sind. Wir hatten wohl Eindruck hinterlassen. Mir wurde umgehend klar, hier sind wir verbrannt: Wir hatten in einer Weise Aufsehen erregt, die uns seltsam, verdächtig erscheinen ließ und weitere Neugierde weckte. Hier konnten wir kein drittes Mal zusammenkommen. Ich musste mich dringend um eine Alternative bemühen.

Ich zog meinen Blick vom Gaststätten-Personal ab und musterte aufmerksam Gäste und Lokalität. Der Tisch ganz hinten war noch frei. Wir nahmen ihn und signalisierten mit unserer seltsamen Platzwahl erneut, dass irgendetwas mit uns nicht stimmen konnte. Mir war das aber in diesem Moment egal. Ich wollte das Treffen unbedingt durchziehen und wissen, was Henner zu berichten hatte. Er freute sich schon auf ein warmes Essen mit ein oder zwei Bier auf Staatskosten. Noch bevor die Bedienung an unseren Tisch kam und die Speisekarten brachte, packte Henner stolz einen Stapel Nazi-Flugblätter und Zeitschriften aus seinem Rucksack auf den Tisch. Als ich die rotumrandeten Hakenkreuze auf den Zetteln sah, erschrak ich zutiefst und räumte das Zeug entsetzt weg. Nochmal Glück gehabt. Der Kellner war schon unterwegs zu uns und ich konnte die Katastrophe gerade noch abwenden.

Henner hatte viel Erfreuliches zu berichten. Die Kontaktaufnahme zu der Nazigruppe, die wir uns als Ziel ausgesucht hatten, hatte funktioniert. Er sei auch schon zu einem Kameradschaftsabend eingeladen gewesen. Dort habe er auch das Info-Material ausgehändigt bekommen, das er mitgebracht hatte. Die Gruppe sei international gut vernetzt und beziehe regelmäßig Propagandamaterial von der Initiative NSDAP-AO, die in den USA sitze und von dort aus nationalsozialistische Schriften vertreibe, wusste er zu berichten. Ich erklärte ihm, die Verteilung solcher Schriften, die Hakenkreuze oder andere Kennzeichen verfassungswidriger Organisationen zeigten, sei in Deutschland strafbar. Henner meinte dazu, dass sei in der Gruppe bekannt. Deshalb sei man auch beim Zupflastern öffentlicher Plätze mit dem Zeug sehr vorsichtig.

Er werde sich an solchen Aktionen aber beteiligen müssen, fügte Henner an, wenn er fest in die Gruppe aufgenommen werden wolle. Das war mir bekannt und verzog etwas mein Gesicht. Meine Freude über den ersten erfolgreichen Schritt, den Henner in unser gemeinsames Projekt hineingetan hatte, wurde getrübt durch die schon am Horizont zu sehenden Probleme, die jeder weitere

Schritt auf diesem Weg mit sich bringen würde. Ich selbst war noch sehr unerfahren und unsicher, wie mit solchen Spannungsverhältnissen umzugehen sei. Ich musste mich also dringend mit meinen Vorgesetzten darüber austauschen. Zum Glück wollte Henner im Moment diese Problematik nicht weiter diskutiert haben. Wir legten gemeinsam den Plan für die nächsten Tage fest und dann erhielt er sein erstes Geld von mir für seine Aktivitäten ausbezahlt. Ich legte einen kleinen Bonus drauf, worüber er sich sehr freute. Die Stimmung war gut, als wir uns trennten. In einer Woche sollte sich Henner wieder bei mir melden.

Zurück im Büro besprach ich mit meinen Vorgesetzten, wie Henner mit strafrechtlich relevanten Gruppenaktivitäten am besten umgehen sollte. Das Spannungsverhältnis, in welchem Henner stecke, sei bekannt, wurde mir erklärt. In gewaltbereiten Gruppierungen müsse man ständig damit rechnen. Es gäbe dafür keine befriedigende Lösung. Letztendlich käme es auf das Geschick des V-Manns an, wie er sich in der jeweiligen Situation am besten positioniere. Im Zweifelsfalle sei ein eher zurückhaltendes Vorgehen angezeigt. Denn die Verantwortung für sein Handeln trage der VM selbst. Und der VM-Führer habe darauf zu achten, dass er mit seinen Anweisungen an den VM nicht als Anstifter zu Straftaten schuldig werde. Für mich endete das Gespräch mit meinen Vorgesetzten äußerst ernüchternd: Zwar werde erwartet, dass die V-Leute erfolgreich in den Gruppierungen unterwegs sind. Die damit verbundenen Gefahren und Risiken müssten sie aber allein tragen, resümierte ich, und der VM-Führer sei, wie der VM auch, ganz nah an der Gefahrenzone. Zum ersten Mal kam ich in Berührung mit der Widersprüchlichkeit dieses Modells. In meiner Naivität nahm ich sie nicht ernst. Ich hielt sie in der Praxis für beherrschbar und wollte mir dadurch keinesfalls meine Begeisterung für meine Aufgabe nehmen lassen.

Zweites Treffen mit Martin

Das nächste Treffen mit Martin stand an. Ich war schon sehr gespannt auf das Gespräch mit ihm. Wie gewohnt, wartete er bereits in der vereinbarten Gaststätte auf mich. Aus nachrichtendienstlicher Sicht perfekt platziert. Nur die Bedienung zeigte sich auffallend interessiert an uns. Sie schien uns noch von unserem letzten Treffen zu dritt in Erinnerung zu haben. Mir wurde klar, dass auch dieses Lokal nicht mehr für ein weiteres Treffen genutzt werden sollte. Martin war leicht nervös, so wie ich auch, aber gut gelaunt. Er berichtete, Adolf, der Altnazi und Führer der örtlichen Szene, habe ihm ein interessantes Angebot gemacht. Martin könnte wegen seiner beruflichen Ausbildung auf ehrenamtlicher Basis die Verwaltung von Adolfs Büro übernehmen. Er schien volles Vertrauen zu ihm zu haben. Für meine Ohren klang dieses Angebot sehr verlockend. Es könnte aber auch eine Falle seine, kam mir in den Sinn. Wir vereinbarten deshalb, sehr zurückhaltend auf das Angebot zu reagieren und Adolf die weitere Initiative zu überlassen.

Martin hatte in den letzten zwei Wochen viele interessante Begegnungen mit Szeneangehörigen gehabt. Deshalb sprudelte es aus ihm heraus. Ja, und ich konnte mir das Erzählte natürlich nicht alles im Kopf behalten. Ich musste mir Notizen darüber fertigen, was die Gäste im Raum und das Personal auf uns aufmerksam machte. Kein anderes Pärchen im Lokal verhielt sich so wie wir. Mir war diese ganze Situation wieder mal so unangenehm, dass ich mir fest vornahm, in Zukunft so nicht weiterarbeiten zu wollen. Die Treffmodalitäten mussten grundsätzlich anders werden. Ich schob meinen Ärger zur Seite und hörte Martin gespannt zu.

Martin erzählte, er sei schon zweimal zu Treffen der Gruppe junger Nazis eingeladen worden, die Adolf gegründet habe. Er passe zwar vom Alter her nicht da hinein, aber Adolf wolle, dass er ihn in der Betreuung der jungen Leute unterstütze. Martin war darüber nicht sehr erfreut. Er sei kein überzeugter Nazi und auf Dauer könne er diese Rolle auch nicht glaubhaft spielen. Er ahnte, dass für ihn zu viel emotionales Konfliktpotenzial in dieser Aufgabe lag. Und mir wurde klar, welch brisante Konstellation sich hinter dieser Rolle verbarg. Martin durfte als VM keinesfalls indoktrinierend in der Gruppe unterwegs sein. Die rechtlichen Rahmenbedingungen eines VM-Einsatzes und die Szenerealität waren wieder einmal nicht kompatibel. Wie sollten wir also weitermachen? Wir diskutierten verschiedene Möglichkeiten durch und hielten es am Schluss zunächst für das Beste, dass Martin, seinem Wesen gemäß, schüchtern und zurückhaltend in der Gruppe auftreten werde. Es würde sich zeigen, wie lange er mit diesem Verhalten dort überleben könne.

Martin berichtete weiter, Adolf wolle demnächst mit seinen Anhängern eine Sonnwendfeier besuchen, die in einem anderen Bundesland stattfinden sollte. Eine Nazifamilie, die bei der sogenannten Wiking Jugend engagiert sei, würde regelmäßig solche Feiern ausrichten. Für zwei, drei Tage kämen oft über 200 Neonazis aus ganz Deutschland und Europa zusammen. Adolf habe Martin eingeladen und wünsche sich, dass er auch mitkäme. Das wäre die Gelegenheit für ihn, interessante Leute kennenzulernen. Ich interpretierte dieses Angebot als Vertrauensbeweis. Außerdem könnte Martin durch eine Teilnahme seine Position in der Szene stärken und aus operativer Sicht interessante Kontakte knüpfen. Ich ermutigte ihn, das Angebot anzunehmen. Ich müsse aber erst mit meinen Vorgesetzten Rücksprache halten, ergänzte ich, da er in diesem Falle außerhalb unseres örtlichen Zuständigkeitsbereiches tätig werden würde. Solche Einsätze bräuchten die Genehmigung der Abteilungsleitung. Sie müssten auch der

Verfassungsschutz-Behörde des betroffenen Landes gemeldet werden.

Abschließend hatte Martin noch von einer Begegnung mit Torsten zu berichten, der ihm sehr sonderbar erschien. Torsten sei ein Vertrauter von Adolf. Überzeugter Nationalsozialist wie dieser, aber verbal weitaus aggressiver. Torsten wirke einerseits depressiv und in sich gekehrt. Er könne aber auch sehr laut werden, wenn er über Ausländer, Schwarze und Linke herziehe. Dann wirke er beängstigend auf ihn und zu allem bereit. Torsten habe eine Freundin, die nicht in der Szene sei. Seine Eltern seien Landwirte mit eigenem Hof. Mit denen habe er dauernd Ärger, da sie entsetzt seien über die extrempolitischen Auffassungen ihres Sohnes. Sie könnten nicht verstehen, wieso Torsten Nazi geworden sei, wo sie in ihrer Familie doch völlig andere Werte vermittelt hätten. Torsten schien an Martin Gefallen gefunden zu haben, da er häufig seine Nähe suchte. Vielleicht, weil sie gleichen Alters waren. Torsten wollte ebenfalls mit zur Sonnwendfeier fahren. Ich fragte Martin, wie er mit Torsten klarkäme. Er antwortete, er finde ihn ganz sympathisch, aber mit seinen Hassattacken könne er nicht umgehen. Man müsse abwarten, wie sich die Beziehung entwickle.

Mein erstes Treffen mit Martin unter eigener Verantwortung fühlte sich richtig gut für mich an. Wir verstanden uns persönlich ausgezeichnet und auch Martins Weg in das Beobachtungsobjekt hinein erschien bei aller Problematik vielversprechend zu sein. Mit meiner finanziellen Vergütung, die aus meiner Sicht angemessen war, zeigte sich Martin sehr zufrieden. So gab es auch in diesem, oft umkämpften Punkt, keine Meinungsverschiedenheiten. Wir verabredeten, dass ich ihm so bald, wie möglich telefonisch Bescheid geben würde, ob er an der Sonnwendfeier teilnehmen dürfe. Dann würden wir auch das nächste Treffen terminieren.

Die Treffen müssen professioneller werden

Auf der Heimreise überlegte ich, wie ich zukünftig die Treffen mit meinen V-Leuten unauffälliger und sicherer gestalten könnte. Es war damals gute Tradition und in die Arbeitsabläufe der Behörde fest etabliert, dass V-Leute bei Zusammenkünften angemessen bewirtet werden mussten. Der gemeinsame Besuch gutbürgerlicher Restaurants oder Cafés war obligatorisch. Viele der langjährigen Quellen, die überwiegend in extremistischen Parteien eingesetzt wurden, legten auf dieses Ritual auch größten Wert. Sicherheitsbedenken hatten sich hintanzustellen. Ich wollte mit meiner Klientel so aber nicht weitermachen. Ich beschloss, das Verfahren zu ändern.

An der Bewirtung meiner V-Leute in entsprechenden Etablissements musste ich festhalten. Aber dort sollten keine Unterlagen mehr auf den Tisch kommen, keine Notizen gefertigt werden oder gar Bargeld über oder unter den Tischen den Besitzer wechseln. Die Unterredung mit dem VM würde ich also nicht mehr mitnotieren, sondern aufzeichnen. Das Einverständnis meines Gesprächspartners vorausgesetzt. Ich erinnerte mich an die Möglichkeiten unserer Technikabteilung, mit der ich schon während meiner Zeit bei der Observation gute Erfahrungen gemacht hatte. Ich war sicher, die Kollegen dort fänden eine Lösung für mein Anliegen.

Gleich nach meiner Rückkehr diskutierte ich mein Problem mit der Technikabteilung. Sie boten mir an, ein Tonbandgerät in einen sogenannten Container einzubauen, den ich während des Gesprächs mit meinen V-Leuten auf den Tisch legen könnte, ohne dass dies Verdacht erregen würde. Nun muss man wissen, dass in den 1980er-Jahren Tonaufnahmegeräte noch sehr voluminös waren. Es gab damals aber eine Schweizer Firma, die explizit für Nachrichtendienste weltweit kleine, zierliche, leistungsstarke, aber extrem teure

Tonbandgeräte herstellte. Diese Geräte konnten perfekt in Utensilien des täglichen Gebrauchs wie in damals üblichen Handtäschchen etc. verbaut werden. Meine Kollegen verfügten über einige dieser Geräte und freuten sich, dass sie mir damit weiterhelfen konnten. Nach einigen Tagen erhielt ich das fertige Produkt und ich war begeistert.

Begeistert war ich auch über die Entscheidung meiner Vorgesetzten zu Martins geplanter Teilnahme an der Sonnwendfeier. Sie stimmten zu. Ich informierte Martin und bat ihn, er möge sich melden, sobald er wieder zurück sei.

Bei Henner läuft es gut

Henner war am Telefon. Er wollte sich mit mir treffen. Ich schlug ein Lokal vor, welches ich vorher sorgfältig ausgesucht hatte. Wir trafen uns vor dem Lokal. Bevor wir eintraten, informierte ich ihn über die geänderten Treffmodalitäten. Henner wirkte erleichtert. Seiner Reaktion konnte ich entnehmen, dass er sich mit der bisherigen Praxis ebenfalls nicht wohl gefühlt hatte. Er hatte auch nichts gegen eine Aufzeichnung unserer Unterredung auf Tonträger einzuwenden. Wir saßen völlig entspannt in dem Lokal. Meine neue technische Errungenschaft feierte Premiere. Wir konnten uns ausführlich über alle wesentlichen Details unterhalten und ich war sicher, dass mir nichts davon verloren gehen würde. Später tauschten wir dann die Unterlagen, die Henner mitgebracht hatte in meinem Auto aus. Und der finale Akt eines jeden Quellentreffs, der Bezahlvorgang mit Quittung und Bargeld, trieb uns nicht mehr die Schweißperlen auf die Stirn.

Henner entwickelte sich die kommenden Wochen sehr gut. Er entpuppte sich als großer Gewinn für die Aufklärungsarbeit, die wir zu leisten hatten. Überraschend gelassen reagierte er auf meinen Bericht über das Ergebnis meiner Unterredung mit meinen Vorgesetzten zur Problematik milieubedingter Straftaten, die er im Interesse einer engen Anbindung an die Gruppe begehen müsste, aber nicht dürfe. Er akzeptierte und meinte, er könne mit diesem Spannungsfeld umgehen. Ich war erleichtert und hoffte, dass er recht haben würde mit seiner Selbsteinschätzung.

Martin zurück von der Sonnwendfeier

Martin meldete sich. Er sei zurück von seiner Reise zur Sonnwendfeier und habe viel zu berichten. Wir vereinbarten einen Termin und ich schlug ihm ein Trefflokal vor, welches ich für geeignet hielt. Ich bat ihn, am Eingang auf mich zu warten und nicht schon im Lokal Platz zu nehmen. Ich hätte mir Gedanken gemacht über unsere Treffmodalitäten und ich wollte ihn vorher darüber informieren. Ich war sehr gespannt auf das Gespräch mit ihm. Er wartete brav am Eingang des Lokals. Martin wirkte etwas gestresst. Ich hoffte, es hätte nichts mit meiner Bitte zu tun, er möge vor dem Lokal warten. Wir begrüßten uns freundlich und dann kam ich auch gleich zum Punkt. Entgegen meinen Befürchtungen konnte Martin meine Bedenken gegen die bisherigen Treffabläufe verstehen. Er hatte auch keine Einwände gegen eine Tonaufzeichnung unserer Unterredung. Ich war erleichtert und wir beide suchten uns ein schönes Plätzchen im Lokal, nicht ganz hinten an der Wand, sondern dort, wo ganz normale Leute auch Platz nehmen würden.

Nachdem wir unsere Bestellungen aufgegeben hatten, fing Martin an, über seine Erlebnisse während der Sonnwendfeier zu erzählen. Die zwei Tage dort hätten ihn total gestresst. Und er sei völlig entsetzt gewesen über das, was er dort zu sehen bekommen hätte, führte er betroffen aus. Es müssten etwa 200 Neonazis und rechtsradikale Skinheads aus Deutschland und Frankreich gewesen sein, die sich auf dem Anwesen der Veranstalter eingefunden hätten. Das Gelände sei umzäunt gewesen. Draußen habe es zwar Polizeikontrollen gegeben aber drinnen, für die Polizei unerreichbar, hätten sich schauerliche Szenen abgespielt. Eine Rechts-Rock-Band habe ein Konzert gegeben mit Ausländer hassenden und judenfeindlichen Texten, wie er sie noch nicht gehört habe. Die meisten der Teilnehmenden seien schon nach wenigen Stunden völlig betrunken gewesen. Und im Suff habe die Menge minutenlang »Sieg Heil!« – »Juda verrecke« – »Ausländer raus« gebrüllt. Die rechten Arme wären hoch gegangen wie bei Reichsparteitagsveranstaltungen während der Nazizeit und vereinzelt habe es auch Schlägereien untereinander gegeben.

Diese Szenen hätten etwas Dämonisches für ihn gehabt. Er sei dagestanden und habe nicht gewusst, wie er sich verhalten solle. Er wollte auf keinen Fall Verdacht erregen und als er so mittendrin in dieser Meute gestanden habe, erfasste ihn Panik. Plötzlich überwältigte ihn der Gedanke, was wohl mit ihm passieren würde, wenn all die Typen hier erfahren würden, dass er VM sei. Er flüchtete sich zur Grillstation und versuchte sich dort zu engagieren. Zum Glück konnte man ihn gebrauchen. Das habe ihm sehr geholfen. Er habe an diesem Platz einen sicheren Ort gefunden, wo sich diese häss lichen Stunden für ihn überstehen ließen.

Martin sei auch erschreckend klar geworden, berichtete er weiter, wie eng vernetzt Adolf, Torsten und einige andere Mitgereiste aus der örtlichen Gruppe mit der bundesdeutschen und ausländischen Naziszene seien. Die wären von den Veranstaltern und vielen Angereisten freundschaftlich begrüßt und immer wieder kontaktiert worden. Martin habe von den Gesprächen selbst aber nichts mitbekommen. Er durfte nicht dabei sein. Dennoch scheint er durch seine Teilnahme im Ansehen der Gruppe gewachsen zu sein. Während der Heimreise habe sich Adolf sehr lobend über die Mitreise von Martin geäußert. Auch Torsten habe es spitze gefunden, dass er dabei gewesen sei.

Als sie wieder zu Hause angekommen waren, habe Torsten unbedingt noch ein Bier mit Martin trinken wollen. Er habe sich darauf eingelassen, weil er dachte, er könne von ihm noch etwas zu den Kontakten erfahren, die Torsten und Adolf am Wochenende hatten. Aber Torsten ging auf dieses Thema gar nicht ein. Er hatte ein anderes, für uns sehr problematisches Anliegen. Torsten sei wieder sehr aggressiv geworden und habe auf die »Kanacken« und die »linken Zecken« geschimpft, von denen er sich bedroht fühlte, berichtete Martin. Dann vertraute ihm Torsten an, er habe sich eine scharfe Waffe, eine Pistole, besorgt. Und wenn das mit den »Kanacken« und »Zecken« hier so weitergehen würde, dann würde er demnächst mal einen umlegen. Ja und dann habe Torsten dieses Thema einfach beendet, ein zweites Bier hinterher gekippt und sei gegangen. Martin erzählte, er habe sich wie vor den Kopf gestoßen gefühlt. Er habe nicht gewusst, wie er auf Torstens Schimpftirade reagieren sollte. Deshalb sei er nur dagesessen und habe nichts weiter dazu gesagt. Martin wisse nicht mehr, wie er mit diesem psychisch angeknaxten Torsten umgehen solle.

Als Martin von seinem Gespräch mit Torsten erzählte, merkte ich, wie mich äußerst ungute Gefühle erfassten. Ich sah große Probleme auf mich zukommen. Probleme, denen ich noch nicht gewachsen war und die das Zeug hatten, mich mit Martin in den Abgrund zu reißen. Die Zeit war schon fortgeschritten. Dennoch versuchte ich mit Martin eine Analyse zu Torsten zu erstellen, die Antwort auf die Frage geben sollte, wie realistisch Torstens Androhungen wirklich waren. Also sammelten wir die Fakten, die wir zu ihm hatten. Was wussten wir sicher: Torsten gab sich als überzeugter Nazi, er war Einzelgänger, wirkte psychisch auffällig, wohnte auf einem Bauernhof, hatte dauernd Stress mit seinen Eltern und seiner Freundin wegen seiner radikalen Ansichten, neigte zu verbalen Hassattacken gegen politische Feindbilder, von denen er sich bedroht fühlte und behauptet, er habe sich illegal eine großkalibrige Pistole besorgt.

Auf den ersten Blick würden diese Punkte auf ein hohes Gefährdungspotenzial bei Torsten hindeuten. Zwei entscheidende Faktoren konnten wir aber nicht realistisch einschätzen: Wie krank war Torsten psychisch wirklich und existierte diese Pistole oder gab Torsten damit nur an. Wir brauchten also dringend mehr Informationen zu ihm. Ich äußerte spontan den Gedanken, Martin könne seine Kontakte zu Torsten intensivieren. Vielleicht fänden wir über diesen Weg die Antworten auf unsere Fragen. Martin reagierte auf meinen Vorschlag nicht begeistert. Eine engere Beziehung zu Torsten, das würde er nicht aushalten, war seine Reaktion. Ich war fast ein wenig enttäuscht über Martins Veto. Aber dann wurde mir plötzlich klar, welche Brisanz in einem engeren Verhältnis von Martin zu Torsten stecken würde: Martin könnte hineingerissen werden in kriminelle Aktivitäten von Torsten, ohne diese wirklich beeinflussen zu können. Kein erstrebenswertes Szenario. Also verzichteten wir lieber auf diesen Weg der Informationsgewinnung und vereinbarten, schön auf Distanz zu Torsten zu bleiben.

Es könnte doch auch sein, platzte es aus mir heraus, dass Torsten Martin mit der Story nur auf die Probe stellen und dessen Zuverlässigkeit testen wollte. Vielleicht sogar in Absprache mit Adolf. Diese Möglichkeit hätten wir fast vergessen, betonte ich. Martin überlegte kurz und meinte, dies sei zwar nicht auszuschließen, aber seinen Beobachtungen nach sei das Verhältnis zwischen Torsten und Adolf nicht sonderlich gut. Vielmehr wirkte Adolf oft genervt von Torstens Eskapaden und fürchtete dessen Unberechenbarkeit. Aber dennoch müsse man auch an so etwas denken, stimmte Martin zu.

Torsten treibt uns die Schweißperlen auf die Stirn

Wieder zurück im Büro informierte ich meinen Chef und den Abteilungsleiter über Martins Erzählungen zu Torsten. Beide reagierten besorgt. Man müsse die Sache ernst nehmen, war von ihnen zu hören. In der rechten Szene gäbe es immer wieder Leute, die ähnliche Persönlichkeitsstrukturen wie Torsten hätten und die zu spontanen Gewaltdelikten neigten. Wir bräuchten dringend mehr Informationen zu Torsten, um dessen Gefährlichkeit einschätzen zu können, und vor allen Dingen müssten wir wissen, ob er tatsächlich eine Schusswaffe besitze. Meine Bedenken gegen einen engeren Kontakt von Martin zu Torsten teilten meine Vorgesetzten. Polizeiliche Erkenntnisse zu Torsten lagen bereits vor. Darunter befand sich nichts Hilfreiches für den aktuellen Fall. Zu ärztlichen oder psychiatrischen Gutachten, wenn sie denn existierten, hätten wir als Behörde eh keinen Zugang. Bliebe also nur noch, Torsten observieren zu lassen. Aber auch eine Observation hatte etwas Riskantes. Würde Torsten sie entdecken, könnte er Rückschlüsse auf Martin ziehen. Bei einem Aufplatzen der Observation wäre also Martin gefährdet. Dieses Risiko müsse man aber eingehen, entschieden meine Vorgesetzten und ordneten zunächst einmal eine einwöchige Observation Torstens an.

Für einen Moment überlegte der Abteilungsleiter, ob es erfolgversprechend sei, an die Staatsanwaltschaft heranzutreten und eine Durchsuchung bei Torsten zu erwirken. Bei genauerer Betrachtung der Folgen dieser Variante nahm er aber rasch wieder Abstand davon. Es sei unsicher, so seine Annahme, ob die aktuelle Beweislage für eine Anordnung einer Durchsuchung reiche. Selbst wenn durchsucht werde, sei es für die Polizei äußerst schwierig, eine gut versteckte Pistole auf einem Bauernhof zu finden. Die Chancen seien gering. Aber Martin als Hinweisgeber wäre auf jeden Fall erledigt und die mögliche Gefahr trotzdem nicht aus der Welt geschafft. Das Chance-Risiko-Verhältnis war ihm dann doch zu schlecht.

Ich Werber? Ich kann's nicht glauben!

Nachdem mein Chef mit mir das Büro des Abteilungsleiters verlassen hatte, bat er mich, noch mit zu ihm in sein Büro zu kommen. Er habe etwas Wichtiges mit mir zu besprechen. Das machte mich nervös. Ich fürchtete, er hätte etwas an meinem Verhalten im aktuellen Fall zu kritisieren. Als wir sein Büro betraten, orderte er Kaffee bei einer unserer Sekretärinnen und bat mich, es mir bequem zu machen. Dann legte er los. Er habe eine große Bitte an mich, begann er. Wie schon erwartet, werde unser Kollege, der als Werber tätig sei, in wenigen Monaten eine Führungsfunktion übernehmen. Seine Stelle müsse also dringend neu besetzt werden. Mein Chef habe dabei an mich gedacht. Seiner Einschätzung nach hätte ich die Fähigkeiten dazu. Ich schluckte. Ich konnte mir das nicht vorstellen. Ich hatte gerade erst in der VM-Führung angefangen und war noch sehr unerfahren. Ich konnte schon an meinen aktuellen Fällen sehen, wie komplex diese Tätigkeit ist. Und dann erst Werbung! Ein Aufgabenbereich, der viel mehr Anstrengung, zeitliches Engagement, Frustrationstoleranz und Risikobereitschaft als die VM-Führung voraussetzte, um erfolgreich zu sein. Ich sagte das meinem Chef so und bat um Bedenkzeit. Ich freute mich aber auch darüber, dass mein Chef Potenzial in mir sah, welches ich nicht sehen konnte. Wir vereinbarten, in zwei Wochen noch einmal über dieses Thema zu sprechen.

Henner gibt wichtige Hinweise

Henner rief an. Er habe eine wichtige Mitteilung zu machen. Am kommenden Samstag würde doch diese Demo gegen rechts von linken Gruppierungen in der Landeshauptstadt stattfinden, meinte er. Er habe mitbekommen, dass seine Gruppe dagegen mobilisiere und die Demonstration stören wolle. Es würden auch um die 100 Alt- und Neonazis aus anderen Teilen unseres Bundeslandes anreisen. Treffpunkt sei der Hauptbahnhof. Von dort wolle man gemeinsam in die Innenstadt ziehen und die linke Demo attackieren. Er sei auch mit dabei und ich solle mir keine Sorgen machen, er wisse schon, wie er sich zu verhalten habe. Ich bedankte mich bei Henner und leitete die Information nicht nur an unsere Auswertungsabteilung, sondern auch direkt an meinen Ansprechpartner bei der zuständigen Polizeidienststelle weiter.

Mein Kollege, der für die Werbung zuständig war, sprach mich an. Er wollte wissen, ob der Chef schon mit mir gesprochen habe. Ich bejahte und sagte auch ihm, dass mir diese Aufgabe einige Hausnummern zu groß sei und ich sie mir nicht zutrauen würde. Er meinte, ich würde sicher hineinwachsen in die Herausforderungen. Es sei schon richtig, dass der Job mit einem enormen Leistungsdruck verbunden sei. Er biete aber dafür verlockende Freiheiten bei der Arbeitsgestaltung und sehr abwechslungsreiche und spannende Aufgaben. Außerdem würde er all sein Wissen an mich weitergeben und mich betreuen. Ich bedankte mich für sein Vertrauen, bat aber, er möge mir noch Zeit lassen.

Meldung von Martin

Einige Tage später rief Martin an. Er wollte mir sagen, dass Adolf ihn nochmals gefragt habe, ob er ihn nicht bei der Büroarbeit für seinen Verlag unterstützen wolle. Er habe den Eindruck, dass es Adolf ernst meine, und Martin würde sich den Job auch zutrauen. Ich dachte, dann sollten wir das Angebot mal testen. Wir haben uns schließlich nicht aufgedrängt. Ich empfahl Martin, er soll doch mal probeweise bei Adolf einsteigen. Wir sollten uns nicht gleich festlege, sondern erst das Informationsaufkommen und die Belastung für Martin prüfen. Martin fand meinen Vorschlag gut und fügte noch an, von Torsten sei die letzten Tage nichts zu sehen gewesen. Wir vereinbarten ein Treffen für Ende der kommenden Woche.

Die Polizei bedankt sich

Mein Verbindungsbeamter von der örtlichen Polizei rief an und informierte mich über den Ablauf der Demo, zu der ich Henners Informationen beigesteuert hatte. Er bedankte sich ausdrücklich. Unsere Hinweise seien sehr wichtig gewesen. So habe man die Trefförtlichkeit der Rechtsextremisten am Bahnhof überwachen und Personalien feststellen können. Die Gruppe der Nazis sei unter ständiger Beobachtung der Polizei geblieben. Als diese versuchten, die Demo des linken Bündnisses mit Gewalt zu sprengen, wurde sofort eingegriffen. Die Angreifer seien von der Polizei eingekesselt und die Personalien festgestellt worden. Die müssten jetzt alle mit einer Anzeige wegen schweren Landfriedensbruchs rechnen. Die Namenslisten würden wir mit der offiziellen Berichterstattung an uns am nächsten Tag erhalten. Ich freute mich zunächst über das Lob meines Polizeikollegen, aber dann trübte sich meine Stimmung. Ob ich wohl Henners Name auf der Liste finden würde?

Torsten wird observiert

Der Leiter der Observationsgruppe, die auf Torsten angesetzt war, meldete sich und berichtete über die ersten Erkenntnisse. Der Bauernhof von Torsten sei sehr abgelegen, erzählte der Truppführer, und deswegen schwer zu observieren. Man könne nur die Zufahrtsstraßen unter Kontrolle halten und habe deshalb keine hundertprozentige Sicherheit, ob Torstens Bewegungen lückenlos überwacht werden könnten. Bisher habe man nur Fahrten von Torsten zum Einkaufen in die Stadt oder zu Treffen mit seiner Freundin feststellen können. Es sei auffällig, dass es mit seiner Freundin häufig zu Streitereien komme. Einmal sei er bei Adolf gewesen, aber nur kurz. Man werde jedoch aus Sicherheitsgründen nicht die ganze Woche durchgängig observieren, sondern nach vier Tagen Schluss machen. Zu groß sei die Gefahr, dass man entdeckt werde. Man werde dann nach einer einwöchigen Pause nochmals bei ihm ansetzen.

Henner in Nöten

Henner rief an, weil er mich dringend sprechen wollte. Wir trafen uns in einem Lokal am Stadtrand. Henner war aufgelöst. Er berichtete von der Demo am letzten Samstag und zeigte sich entsetzt über das harte Durchgreifen der Polizei gegen die Neonazi-Gruppe, mit der er unterwegs gewesen war. Er selber habe nichts gemacht, erzählte Henner.

Er sei nur danebengestanden, als einige aus seiner Gruppe die Bündnis-Demo attackierten. Als er gemerkt habe, was da abgehe, wollte er aus der Gruppe raus. Dies sei ihm aber nicht gelungen, weil sie durch Polizeikräfte bereits eingekesselt gewesen seien. Die Ausschreitungen seien von der Polizei gefilmt worden. Und jetzt werde er angezeigt, habe man ihm gesagt. Wegen schweren Landfriedensbruchs. Sowas könne er nicht gebrauchen, beklagte er sich. Er habe eh langsam die Schnauze voll von dieser Nazi-Scheiße, in die er die letzten Jahre hineingerutscht sei. Er spüre zunehmend den Wunsch, sein Leben mal in den Griff zu bekommen. Ich müsse ihm da raushelfen.

Ich versuchte Henner klarzumachen, dass wir nun in einer dieser Situationen seien, in die wir nicht kommen wollten. Aber Jammern helfe jetzt nicht. Wir müssten cool bleiben und versuchen, das Beste daraus zu machen. Wir könnten die Anzeige gegen ihn nicht stoppen, betonte ich. Es mache keinen Sinn, auf die Polizei zuzugehen. Er wäre dann enttarnt. Der Polizeiapparat sei sehr durchlässig. Die Gefahr, dass seine VM-Tätigkeit an die Öffentlichkeit gelange, sehr groß. Außerdem könne die Polizei uns zuliebe nicht einfach auf die Anzeige gegen ihn verzichten. Sie würde gegen ihre rechtlichen Pflichten verstoßen. Aber das hätte ich ihm auch immer gesagt. Meine Möglichkeiten seien in diesem Falle erschöpft. Ich müsse den Vorgang an meine Vorgesetzten herantragen und abwarten, was entschieden werde, argumentierte ich weiter. Ich bezahlte Henner großzügig für seinen Einsatz und hoffte, dass er die Nerven behalten würde. Henner war richtig sauer auf mich.

Am nächsten Tag sprach ich mit meinem Chef und dem Abteilungsleiter über die Situation, in die Henner gekommen war. Nach Abwägung aller Aspekte entschied der Abteilungsleiter, er werde mit der Staatsanwaltschaft Kontakt aufnehmen und dort die rechtlichen Möglichkeiten erörtern. Dies würde aber zu Henners Enttarnung der

Staatsanwaltschaft gegenüber führen und seine weitere nachrichtendienstliche Verwendung nach Abschluss des Verfahrens unmöglich machen. Bis das Verfahren abgeschlossen sei, würden einige Monate vergehen. Ich sollte die Zeit aber schon mal nutzen, um Henners Ausstieg aus der Szene langsam vorzubereiten. Ich würde wieder vom Abteilungsleiter hören, sobald er Kontakt mit der Staatsanwaltschaft gehabt habe. So, jetzt hatte ich gleich zwei Problemfälle! Die zwei V-Leute, auf die ich mich so gefreut hatte, machten mir ordentlich Stress.

Martin findet sein Plätzchen in der Gruppe

Es wurde Zeit, Martin wieder zu treffen. Ich machte mich auf den Weg. Während der langen Anreise hatte ich viel Zeit, nachzudenken. Was würde Martin zu erzählen haben, fragte ich mich? Welche neuen Entwicklungen wohl anstünden? Und wie sollte das mit Henner werden, überlegte ich weiter. Wie geht das, einen VM langsam aus einer Nazi-Kameradschaft herausführen, ohne sich verdächtig zu machen? Ich hatte sowas noch nicht gemacht und meine älteren Kollegen standen anscheinend noch nicht vor solchen Herausforderungen. Sie konnten mir nicht helfen. Ihre V-Leute führten in den langweiligen Parteistrukturen, aus denen sie berichteten, ein unaufgeregtes, bürgerliches Dasein. Sie wurden in ihren Einsatzgebieten nicht mit strafrechtlich relevanten Entwicklungen konfrontiert, während ich mit meiner Klientel permanent mit solchen Problemen zu kämpfen hatte. Und wie sollte ich mich jetzt in Sachen Werbung entscheiden? Meine Bedenkzeit lief ab. Ich hätte schon Interesse daran gehabt. Aber was, wenn ich an den Herausforderungen scheitere? Mein Kopf brummte.

Martin kam gut gelaunt zum Treffen. Ich war erleichtert und entspannte mich langsam. Martin hatte interessante Neuigkeiten. Der Bürojob bei

Adolf liege ihm sehr und das zeitliche Engagement ließe sich gut in sein Privat- und Berufsleben integrieren, berichtete er. Das Informationsaufkommen sei enorm. Er habe Zugang zu allen geschäftlichen Unterlagen des Verlags von Adolf: Abonnenten, Autoren, Leserbriefschreiber, alle in- und ausländischen Kontakte von Adolf, seine aktuellen Pläne, die Korrespondenz, alles laufe über seinen Schreibtisch. Ich staunte. Und das Beste, so Martin weiter, Adolf mache keinen Druck mehr wegen seiner Jungnazis, die Martin mit ihm betreuen sollte. Martins Schwerpunkt sei jetzt die Büroarbeit. Das gebe ihm die Möglichkeit, sich weitgehend aus der politischen Arbeit zurückzuziehen und sich nicht mehr an seinem Wohnort öffentlich mit dieser Szene zeigen zu müssen. Er fürchtete schon, dass sein privates Umfeld von seinen Kontakten zu Adolf und dessen Nazis Wind bekommen könnte. So eine Entwicklung wäre für ihn eine Katastrophe.

Dann kamen wir auf Torsten zu sprechen. Martin habe von ihm nichts mehr gehört. Er habe ihn nur einmal mit Adolf zusammen gesehen. Die beiden hätten sich gestritten und später habe Adolf Martin erzählt, er mache sich Sorgen um Torsten. Er hoffe, dass der keinen Scheiß baue und ihm nicht die Polizei ins Haus bringe. Was Adolf genau gemeint habe, sei für Martin nicht klar geworden. Vielleicht habe es etwas mit der Geschichte zu tun, die Torsten Martin nach der Rückkehr von der Sonnwendfeier erzählt hatte. Der Umgang der beiden sei sehr angespannt gewesen. Martin schloss deshalb mittlerweile aus, dass Torstens Erzählungen von der Pistole eine mit Adolf abgesprochene Falle für ihn gewesen seien. Ich sah das auch so. Aber was wusste Adolf darüber? Wir konnten nur spekulieren.

Ich fuhr mit einem sehr guten Gefühl von Martin weg. Seine Positionierung im Beobachtungsobjekt war mittlerweile ideal und die kritische Lage um Torsten schien sich etwas zu entspannen.

Neues von Torsten

Einige Tage später meldete sich der Leiter der Observationsgruppe bei mir. Sie hätten ein zweites Mal bei Torsten angesetzt, mit ähnlichem Ergebnis. Kontakte zu Adolf habe es nicht gegeben. Ansonsten nur privates Umfeld, Freundin, Eltern, Arbeit. Keine Beobachtungen, die für das Ausgangsszenario von Bedeutung sein könnten. Aber wegen der Lage des Bauernhofes bestünden äußerst problematische Rahmenbedingungen für eine gelingende Observation. Von einer Wiederholung sei abzuraten, ermahnte mich der Truppführer. Die Möglichkeiten seien ausgereizt. Damit war dieses operative Mittel erstmal ausgeschöpft. Wie sollten wir also weiter vorgehen? Bliebe noch eine sogenannte G10-Maßnahme, also eine Telefonüberwachung. Doch die Beweismittel reichten dafür nicht aus. Und Telefonüberwachungen sind sehr personalintensiv, bringen aber selten die gewünschten Ergebnisse. Die wenigsten Zielpersonen sind so dumm und verplappern sich am Telefon. Wir konnten also nur abwarten, ob sich Torsten nochmal mit Martin in Verbindung setzen würde.

Henner beruhigt sich

Mein nächstes Treffen mit Henner stand an. Ich hatte kurz vorher vom Abteilungsleiter erfahren, dass er mit der Staatsanwaltschaft wegen dessen Verwicklung in den schweren Landfriedensbruch gesprochen habe. Der Staatsanwalt habe entschieden, er würde sich von der Polizei die Videoaufzeichnungen kommen lassen und das Tatverhalten von Henner prüfen. Dann werde man weitersehen, erzählte mir der Abteilungsleiter. Na, da bin ich mal gespannt, dachte ich.

Henner wirkte aufgeräumt. Er schien sich wieder beruhigt zu haben. Er erzählte, sein Standing in der Gruppe sei seit der Aktion gegen die linke Bündnis-Demo rapide angestiegen. Er habe das Angebot, in den engeren Zirkel aufgenommen zu werden. Also dorthin, wo die wirklich interessanten Informationen zu bekommen seien. Ich sagte, das würde nichts mehr werden. Wir müssten raus aus der Gruppe. Auf seine Intention hin hätten wir uns an die Staatsanwaltschaft gewandt und sein Anliegen vorgebracht. Dort werde nun anhand des Videomaterials der Polizei geprüft, ob er sich strafbar gemacht habe und wie dann weiter gegen ihn verfahren werde. Wir mussten ihn deshalb in seinem eigenen Interesse vor der Staatsanwaltschaft enttarnen. Und das wiederum habe den Ausstieg aus der Szene und das Ende seiner VM-Tätigkeit zur Folge. Das sei doch auch sein Wunsch gewesen, fügte ich an.

Henner zögerte etwas. Er schien hin und hergerissen zu sein. Ja, das stimme schon, erwiderte er schließlich. Eigentlich wolle er raus und eine Ausbildung machen. Und eine Verurteilung käme für ihn auch nicht in Frage. Er sei nur für kurze Zeit angetan gewesen von der Zuwendung innerhalb der Gruppe nach der erwähnten Aktion. Es habe ihm sehr gutgetan, dass er jetzt plötzlich wo dazu gehörte und angesehen sei. Für einen Augenblick sei er unsicher gewesen, ob er nicht doch weitermachen solle. Aber nein, es habe keinen Sinn, er musse da raus und ein anderes Leben beginnen, lenkte Henner ein. Ich spürte die emotionale Last, die auf ihm lag. Ich konnte ihm nicht wirklich helfen, weil ich dafür nicht ausgebildet war. Ich wusste nur, einen Weg zurück gibt es nicht mehr. Die Entscheidung war gefallen.

Ich wünschte mir nicht nur hier, sondern auch später immer wieder fachlichen Rat von Psychologen, wie wir als VM-Führer und Werber am besten mit solchen Situationen umgehen sollten. Aber für psychologische Unterstützung gab es in den damaligen nachrichtendienstlichen Strukturen kein Verständnis und schon gar kein Geld.

Wir machten uns also gleich an die Arbeit und überlegten, wie Henner am sichersten aussteigen könnte. Nach Auskunft der Staatsanwaltschaft würde es etwa drei Monate dauern, bis der Vorfall vor Gericht verhandelt werde, erzählte ich Henner. Das wäre ausreichend Zeit für unser Vorhaben. Bis dahin sollten wir dann aber draußen sein aus der Szene, so meine Überlegung. Henner brachte ein, er habe mehrere Bewerbungen für Ausbildungsplätze laufen, darunter ein Auswahlverfahren für ein Studium an der Verwaltungsfachhochschule. Ich war überrascht. Verwaltungsfachhochschule? Ich hätte nicht gedacht, dass so viel bürgerliche Langeweile in Henner, dem Rebellen gegen alles Spießige, stecken würde.

Mir konnte es nur recht sein. Ich würde mich freuen, wenn ihm ein Start in ein normales Leben gelingen würde. Ich schlug vor, Henner solle seine Besuche der Kameradschaftsabende um die Hälfte reduzieren und als Grund eine Berufsausbildung angeben. Henner fand den Vorschlag plausibel umsetzbar, und so hatten wir den Einstieg in den Ausstieg gefunden.

Plötzlich muss es schnell gehen

Wieder im Büro holte mich mein Chef zu einem Gespräch. Inzwischen hatte ich zugesagt, dass ich die Stelle als Werber übernehmen würde. Gerechnet hatte ich damit, dass dies in zwei bis drei Monaten der Fall sein würde. Doch nun eröffnete mir mein Chef, dass ich bereits in drei Wochen damit beginnen müsse, mich in die Werbung einzuarbeiten. Denn aufgrund personeller Veränderungen werde der Kollege, dessen Stelle als Werber ich übernehmen solle, schon früher mit der in Aussicht gestellten Führungsaufgabe betraut. Deshalb müsse er mich jetzt schon einarbeiten. Ich fragte ihn, wie das denn gehen solle, wo ich im Moment mit meinen zwei V-Leuten beschäftigt sei, die sich gerade in sehr anspruchsvollen Phasen befänden. Ich als blutiger Anfänger sei damit voll ausgelastet. Und dann noch zusätzlich einen Arbeitsbereich starten, von dem ich überhaupt keine Ahnung hatte? Zu diesem Zeitpunkt war Henner noch in meiner Obhut. Doch wie oben schon geschildert, zeichnete sich da schon ab, dass er uns bald verlassen würde.

Für Martin schlug mein Chef vor, dass ich ihn an einen VM-Führer unserer Außenstelle abgeben solle. Obwohl ich wusste, dass der Augenblick bald kommen würde, war mir der Gedanke zuwider. Jetzt, wo wir auf einem erfolgreichen Weg waren und uns gut verstanden, sollte so abrupt Schluss sein? Und ein anderer würde von all meinen Mühen, die ich für Martin aufgewendet hatte, profitieren? Genau so kam es. Und so sollte es mein restliches Berufsleben hindurch als Werber auch bleiben. Die ganze Arbeit, die ich in die Anwerbung neuer V-Leute steckte, kam meinen Kollegen zugute, den VM-Führern. Und jedes Mal bedauerte ich es, Menschen, in die ich so viel investiert hatte, nach relativ kurzer Zeit wieder hergeben zu müssen.

Außenstellen

Die meisten Landesbehörden für Verfassungsschutz und natürlich auch das BfV unterhalten für Operativkräfte, also für VM-Führer, Außenstellen. Das sind abgetarnte Büroeinrichtungen die räumlich getrennt von der Zentrale überwiegend in den Ballungsräumen des Landes liegen. Meine Behörde verfügte ebenfalls über eine solche Einrichtung. Der Kollege, der Martin übernehmen sollte, war dort tätig. Ich kannte ihn nicht. Ich setzte mich also mit ihm in Verbindung und besprach Martins Übergabe. Martin selbst wusste noch nichts davon. Auf Anweisung meines Chefs sollte das Prozedere möglichst rasch abgewickelt werden. Mir blieb also keine Zeit, mit Martin vorher persönlich zu sprechen. Ich konnte ihn nur telefonisch darüber informieren, dass ich zu unserem nächsten Treffen jemanden mitbringen würde, da sich kurzfristig unerwartete Veränderungen ergeben hätten. Eine unglückliche Vorgehensweise, die Martin sehr verunsicherte.

Trotz der anfänglichen Dissonanzen lief es aber dann doch sehr gut zwischen den beiden. Sie entwickelten sich zu einem erfolgreichen Team. Auch wenn ich persönlich nichts mehr davon hatte, blieb mir wenigstens der Trost, dass ich dafür die Basis gelegt hatte.

Henner hat es geschafft

Mein Abteilungsleiter informierte mich über das Ergebnis der staatsanwaltschaftlichen Prüfung im Falle von Henner: Er habe tatsächlich die Wahrheit gesagt, von ihm seien keine Gewalttätigkeiten ausgegangen. Er habe untätig am Rande des Geschehens gestanden. Der Staatsanwalt würde nun das Verfahren gegen ihn von den übrigen Beschuldigten abtrennen und separat vor Gericht bringen und sich dort um eine Einstellung des Verfahrens bemühen. Das waren gute Nachrichten für mich und für Henner. Diese Vorgehensweise der Staatsanwaltschaft würde der Szene zwar nicht verborgen bleiben und Verdacht erregen. Aber bis dahin wollten wir ihr schon lange Adieu gesagt haben.

Letztendlich kam es dann auch so. Das Verfahren gegen Henner wurde eingestellt. Henner meisterte unter mehreren hundert Bewerbern das Auswahlverfahren für ein Studium an der Verwaltungsfachhochschule und er fand in ein bürgerliches Leben hinein. Seine spätpubertäre Trotzphase war beendet. Zwar ging mit ihm ein wichtiger Zugang in die Szene für uns verloren, ich freute mich aber trotzdem für Henner.

Werbung

Erste Werbung - es wird ernst

Kaum hatte ich die Übergabe von Martin. abgeschlossen, drängte mich schon unser Werber in das Schulungsprogramm, das er für mich vorbereitet hatte. Teil dieses Programms war eine echte Ansprache, die ich unter seiner Regie durchführen sollte. Er hatte sich einen etwa 50-jährigen Altnazi ausgesucht, der in revisionistischen Zusammenhängen und in einer rechtsextremistischen Partei engagiert war. Diese Zielperson wohnte in ihrem eigenen kleinen Häuschen in einer größeren Stadt, etwa 60 Kilometer entfernt von unserer Dienststelle. Nennen wir sie »Mister Cook«, passend zu ihrem Hobby.

Cook war nicht verheiratet. Von Beruf war er Versicherungsvertreter mit eigener Agentur. Nach dem Plan meines Kollegen sollte ich abends gegen 18:00 Uhr an Cooks Haustüre klingeln, mich als Angehörigen des LfV vorstellen und ihn um ein Gespräch bitten. Das Thema des Gespräches sollten dessen extremistische Aktivitäten sein. Ich sollte großes Interesse an seinem politischen Engagement zeigen und ihm dabei das Angebot unterbreiten, meine Behörde gegen attraktive Bezahlung an seinem Wissen teilhaben zu lassen. Vertraulichkeit würde natürlich ein wesentlicher Bestandteil meines Angebotes sein.

Mir war nicht ganz wohl bei der Sache. An der Haustüre klingeln und hineingehen? Lieferte ich mich da nicht aus? Wie sollte ich mich verhalten, wenn Cook übergriffig werden würde? Und dann die Gesprächsinhalte! Waren die nicht etwas plump? Sollte ich ihn damit wirklich überzeugen können? Nun, ich behielt meine Bedenken für mich. Ich wollte nicht als Klugscheißer erscheinen. Ich beruhigte mich mit dem Gedanken, mein Kollege werde schon wissen, was er mache. Schließlich hatte er diesen Job lange genug gemacht.

Wir machten uns also auf den Weg. An Cooks Adresse angekommen, positionierte sich mein Kollege so, dass er mich gut beobachten konnte. Ich klingelte. Mein Herz raste. Mein Kopf musste ganz rot sein vor Aufregung. Nichts passierte. Ich klingelte nochmal. Da ging plötzlich das Küchenfenster auf und Cook guckte raus. Auf seinem Kopf ein weißer Koch Hut. Ich erkannte ihn von dem Foto, das in seiner Akte zu finden war. Cook fragte etwas unfreundlich, was ich wolle und wer ich sei. Ich antwortete, ich hätte gerne den Herrn – ich nannte seinen richtigen Namen – gesprochen. Darauf erwidert er frech, der sei nicht da. Da stand ich nun, total geplättet. Was sollte ich jetzt sagen? Die erste Phase der Kontaktaufnahme lief schon mal ganz anders als geplant.

Da fiel mir plötzlich ein, dass er Versicherungsvertreter war. Und so schoss aus mir heraus, dass das aber schade sei, da ich gerne eine Versicherung bei ihm abgeschlossen hätte. Daraufhin guckte er mich an und öffnete mir. Ich trat ein und stand Cook gegenüber in einen kleinen Vorraum zwischen Haustüre und der Eingangstüre zur Wohnung eingequetscht. Er war gekleidet wie ein Fünf-Sterne-Koch. Nur der Kochlöffel fehlte. Anscheinend bekochte er jemanden oder erwartete Besuch.

Ich begrüßte ihn höflich und entschuldigte mich auch gleich für meine Schwindelei. Ich hätte leider kein Interesse an einer Versicherung, sondern käme vom Verfassungsschutz und wollte ihm ein lukratives Angebot unterbreiten. „Dachte ich es mir doch, dass mit Ihnen etwas nicht stimmt", polterte es aus ihm heraus. „Sie kommen sehr ungelegen. Ich habe jetzt überhaupt keine Zeit", watschte er mich verbal ab. Und an Angeboten meiner Behörde sei er auch nicht interessiert. Aber ich könne ihn ja mal die Tage anrufen. Vielleicht habe er Lust, sich mit mir zu treffen. Seine Nummer hätte ich doch bestimmt. Und schon war ich hinaus bugsiert.

Ich fühlte mich diese paar Minuten sowas von unwohl! Hinein gepresst in eine Position, die mich körperlich völlig wehrlos machte und mir auch nicht die geringste Möglichkeit eröffnete, mein Anliegen ansprechend vorzubringen. Anscheinend war ich in ein Rendezvous hineingestolpert. Dümmer hätte es nicht laufen können. Sowas würde mir nie, nie wieder passieren, das schwor ich mir.

Mein Kollege war erstaunt, als ich so schnell wieder draußen war. Ich erzählte ihm detailliert, was geschehen war. Er meinte nur, na ja, sei gar nicht schlecht gelaufen. Wir sollten auf jeden Fall das Angebot von Cook annehmen und ein Treffen mit ihm vereinbaren. Dann fuhren wir nach Hause. Das Erlebte beschäftigte mich noch die halbe Nacht. Ich war äußerst unzufrieden mit dem Ablauf und heilfroh, dass ich relativ gut aus der Nummer rausgekommen war.

Wie ich später erfuhr, war es bundesweit unter Werbern durchaus üblich, an den Wohnungs- und Haustüren ihrer Zielpersonen zu klingeln. Öfter als erwünscht, kam es dabei zu sehr unangenehmen Situationen für die Kollegen, bis hin zu tätlichen Angriffen. Auch wenn diese Art der Kontaktaufnahme wesentlich weniger Arbeitsaufwand bedeutete, war sie für mich jedoch zukünftig keine Option mehr.

Zum Kaffee mit Cook

Einige Tage später meldete ich mich telefonisch bei meinem Starkoch. Er war bereit, mich zu treffen. Wir verabredeten uns zu Kaffee und Kuchen in einem Café, das ich ausgesucht hatte. Solche Art von Treffen mit Szeneangehörigen, die sich in der Anwerbephase befinden, waren äußerst problematisch. Man wusste nie, was auf einen zukam. Es passierte immer wieder, dass die Zielperson mit Unterstützung aus ihrer extremistischen Gruppe in der Gaststätte auftauchte und den Werber fotografierte oder körperlich attackierte. Verabredete Termine waren für den Werber also immer mit erhöhtem Gefährdungspotenzial verbunden. Deshalb schlug mein Kollege vor, das Treffen mit Cook durch die Observation abdecken zu lassen. Ich kannte dieses Verfahren von meiner Zeit bei der Observation und ich kannte auch dessen Schwachstellen. Dank der Observation musste ich also nicht allein mit dieser Situation klarkommen, aber ich war auch nicht hundertprozentig abgesichert.

Am Tage des vereinbarten Treffens begann die Observationsgruppe bereits in den Morgenstunden mit der Überwachung von Cook. Etwa zwei Stunden vor unserem Termin wurde auch das Café observiert, in dem wir uns treffen wollten. Die Observationsgruppe sollte feststellen, ob es Hinweise auf eine eventuelle Vorbereitung von Überraschungen für mich gäbe. Eine gewisse Unsicherheit blieb aber: Denn sollte Cook klug genug gewesen sein und eventuelle Absprachen mit Unterstützern so geplant haben, dass keine Kontakte unmittelbar vor dem Treffen mit mir notwendig gewesen wären, hätten die Kollegen von der Observation auch nichts beobachten können.

Nun, Cook verließ das Haus eine halbe Stunde vor dem Treffzeitpunkt und fuhr mit dem Auto direkt zum Café. Er war allein unterwegs.

Kontakte zu anderen Personen konnten nicht festgestellt werden. Am Café selbst, waren von der Observation ebenfalls keine Auffälligkeiten festzustellen. Cook betrat vor mir das Café und suchte einen freien Platz. Ich wartete noch zehn Minuten und stieß dann dazu. In dieser Zeit hatten die Observanten, die schon vor ihm im Café saßen, die Chance, verdächtige Kontaktaufnahmen von Cook zu Gästen zu registrieren. Es wurde nichts Auffälliges festgestellt. Dennoch fühlte ich mich unsicher. Vielleicht hatten die Kollegen etwas übersehen? Ich mochte es einfach nicht, in solchen Situationen von anderen abhängig zu sein.

Die Unterhaltung mit Mister Cook war recht kurz und lehrreich. Er entschuldigte sich für sein Verhalten mir gegenüber bei unserer ersten Begegnung. Ich sei völlig unpassend reingeplatzt, ließ er mich wissen. Er habe Besuch von einer Freundin gehabt, für die er gekocht habe. Er koche gerne. Die beiden wollten sich einen netten Abend machen. Mein Auftritt habe ihnen aber dann die Stimmung verdorben. Und was das Angebot betreffe, welches ich erwähnt hätte, so Cook weiter, wolle er klarstellen, dass er an so etwas überhaupt nicht interessiert sei. Er sei von Herzen politisch rechts eingestellt. Daran werde sich auch nichts ändern. Selbst wenn der Verfassungsschutz klingle. Eine Kooperation mit uns käme für ihn aus politischen und aus persönlichen Gründen nicht in Frage.

Ja, und damit war alles gesagt. Ich war argumentativ entwaffnet. Wir tranken unseren Kaffee aus und nach einer halben Stunde war das Programm auch schon beendet. Ich hatte meine erste Anwerbung hinter mir. Sie blieb erfolglos, bescherte mir aber eine Menge wichtiger Erfahrungen, die meinen zukünftigen Arbeitsstil entscheidend prägen sollten.

Die Tage danach erhielt ich von meinem Kollegen noch einige theoretische Lehreinheiten und damit war die »umfangreiche«

Einarbeitung auch schon beendet. Er wechselte auf die versprochene Führungsposition und ich saß allein da.

Bevor der Ernst des Werber-Daseins für mich beginnen sollte, durfte ich noch ein Seminar für Werber beim Bundesamt für Verfassungsschutz (BfV) besuchen. Sowohl die Theorie als auch die vermittelten rechtlichen Problemstellungen dieses Aufgabengebiets waren sehr aufschlussreich. Besonders hilfreich fand ich die persönlichen Austauschrunden mit Seminarteilnehmern aus anderen Landesämtern und des BfV, überwiegend Kollegen, die schon mehrere Jahre im Geschäft waren. Ich fuhr mit der Erkenntnis nach Hause, dass die Konzepte, die Arbeitsstile, die Erwartungen der Vorgesetzten, die administrativen Rahmenbedingungen, die finanziellen Ausstattungen und die Kulturen in den einzelnen Behörden sehr unterschiedlich und durch die parteipolitischen Strukturen der jeweiligen Regierungen geprägt waren. Und noch eine wichtige Erkenntnis nahm ich mit: Werber sind sehr seltsame Wesen.

Ein Schock fürs Leben

Als ich wieder zurück war, rief mich der Kollege von der Außenstelle an, der Martin von mir übernommen hatte. Er fragte, ob ich schon von Torsten gehört hätte. Torsten sei tot. Er habe sich vor zwei Tagen nach einem Streit mit seiner Freundin im Auto erschossen. Die Freundin sei neben ihm gesessen, wäre aber unverletzt geblieben. Sie stehe unter schwerem Schock. Nach Recherchen der Polizei sei die Pistole, mit der sich Torsten umgebracht hatte, illegal in seinem Besitz gewesen. Ich war schockiert. Torsten hatte also nicht geblufft. Er hatte sich tatsächlich eine Schusswaffe besorgt. Was wäre, wenn ..., hämmerte es durch meinen Kopf, ... wenn er seine Freundin mit getötet hätte? Oder wenn er die Morde durchgezogen hätte, von denen er Martin gegenüber gesprochen hatte? Welche Last würde dann auf mir liegen? Nicht auszuhalten! Ich fühlte mich die nächsten Tage richtig schlecht. Aber was hätte ich anders machen können, fragte ich mich andauernd. Ich fand keine Antwort. Nur die Gewissheit, dass dieser Job voller Falltüren und böser Überraschungen war.

Zum besseren Verständnis

Im Nachrichtendienst steht Werbung für sehr komplexe Arbeitsprozesse, die für die Gewinnung von V-Leuten zur Informationsbeschaffung eingesetzt werden. Denn das Kerngeschäft eines jeden Nachrichtendienstes ist die Informationsbeschaffung. Der größere Teil dieser Informationen, die im Nachrichtendienst verarbeitet werden, können durch sogenannte offene Recherchen gewonnen werden. Also über Zeitungsartikel, wissenschaftliche Studien, Dokumentationen, Publikationen der Beobachtungsobjekte selbst oder über Internetbeiträge der beobachteten Personen und Institutionen, die jedermann zugänglich sind.

Die weitaus interessanteren Informationen sind aber diejenigen, die nicht veröffentlicht werden, die man eben nicht schnell mal am Kiosk kaufen kann, weil man sie aus gutem Grund unbedingt geheim halten möchte. Und für das Generieren solcher Informationen braucht es V-Leute, also Insider, die über das begehrte Wissen verfügen und bereit sind, ihr Wissen mit einem Nachrichtendienst zu teilen.

Wieder einmal der Jüngste

Als ich startete, war ich der jüngste und unerfahrenste Werber in unserer Abteilung. Ich hatte zwar null Ahnung, aber jugendlichen Leichtsinn und den festen Willen, mein Bestes zu geben. Ich war zuständig für den gesamten Phänomenbereich Rechtsextremismus im Staatsgebiet unseres Bundeslandes. Unsere Abteilung umfasste organisatorisch noch die Phänomenbereiche Linksextremismus und Ausländerextremismus, die ebenfalls durch jeweils eine Referatsgruppe bearbeitet wurden. Diese Organisationseinheiten leisteten sich aber mehr Personal: Sie hatten jeweils zwei Werber für ihr Aufgabenspektrum.

Von den erfahrenen, älteren Kollegen meines Handwerks wurde ich zunächst belächelt und misstrauisch beäugt. In dieser Zunft herrscht oft ein starkes Konkurrenzdenken. Der Erfolgsdruck ist enorm, die Gefahr, negative Schlagzeilen zu produzieren, allgegenwärtig und eine hohe Frustrationstoleranz überlebenswichtig. In diesem Job geht es tatsächlich oft ums Überleben. Läuft etwas nicht so, wie erwartet, wird man schnell abserviert und verschwindet in der beruflichen Bedeutungslosigkeit. Ein Aufgabengebiet also mit reizvollen Gestaltungsspielräumen, aber einem miesen Chance-Risiko-Verhältnis. Entsprechend unattraktiv ist dieses Arbeitsprofil für die allermeisten operativ tätigen Nachrichtendienstler. Es braucht dafür schon eine spezielle DNA. Die hat man oder man hat sie nicht. Ob ich sie wohl hatte? Noch wusste ich es nicht.

Ich muss ran

Die ersten Anforderungen meiner Kollegen aus unserer Referatsgruppe ließen nicht lange auf sich warten. Sie teilten mir mit, in welchen Gruppierungen sie dringend einen Zugang bräuchten, also einen zuverlässigen VM platziert haben wollten. Ich sollte mich zügig darum kümmern. Okay, dachte ich, dann starte ich mal. Meine Ausrüstung bestand aus einem Dienstauto, einem Mittelklassewagen, ausgestattet mit verschiedenen Tarnkennzeichen und Standheizung, sowie aus mehreren Tarndokumenten. Das war es dann auch schon. Smartphones gab es damals noch nicht. Wenn ich unterwegs telefonieren wollte, musste ich mir eine Telefonzelle suchen.

Dann galt es, geeignete Zielpersonen auszuwählen. Wir nennen diesen Vorgang auch, Tipps gewinnen oder generieren. Ich suchte nach Personen, die bereits in den jeweiligen Gruppierungen verkehrten und Ansätze bieten, die eine erfolgreiche Werbung wahrscheinlich machen. Diese Zielpersonen sollten keine Führungspositionen bekleiden und keine ideologischen Vordenker sein. Solche Positionen würden zwar einen höheren Informationsgewinn versprechen, wären aber mit den rechtlichen Vorgaben für Verfassungsschutzbehörden nicht vereinbar. Man wollte und durfte die Gruppe ja nicht steuern. Zuverlässige Tipps finden sich in eigenen Quellenberichten und gelegentlich auch bei den Dienststellen des polizeilichen Staatsschutzes. Die Polizei kennt ihre örtlichen extremistischen Gruppierungen aus diversen Strafverfahren in der Regel sehr gut. Es werden häufig Gespräche mit Szeneangehörigen geführt, so dass die Polizei immer wieder zuverlässige Einschätzungen zu den charakterlichen Eigenschaften einzelner Akteure geben kann.

Meint man auf diese Weise eine Zielperson gefunden zu haben, gilt es noch einige zusätzliche Recherchen anzustellen. Über das Bundeszentralregister erfährt man, ob diese Zielperson Straftaten begangen hat. Über Einwohnermeldeämter und das Kraftfahrtbundesamt werden Daten erhoben, die es ermöglichen, die anvisierte Person ausfindig zu machen. Abschließend sind die Rechercheergebnisse in einem Schriftsatz zusammenzufassen, der über den direkten Vorgesetzten dem

Abteilungsleiter vorzulegen ist. Dieser entscheidet, ob die ausgewählte Person mit dem Ziel einer Anwerbung angesprochen werden darf und ob er mit der ebenfalls in diesem Schriftsatz dargestellten Vorgehensweise bei der Ansprache einverstanden ist. Sobald die Genehmigung des Abteilungsleiters erteilt ist, kann man loslegen.

Meine ersten Erfahrungen

Ich erarbeitete mir auf diese Weise ein gutes Dutzend Zielpersonen, die ich kontaktieren wollte. Mein Plan war, offen aufzutreten, mich also als Mitarbeiter des Verfassungsschutzes zu outen. Die Alternative dazu wäre eine »Ansprache unter Legende«, die einen ganz anderen Aufbau bräuchte und bei der der Initiator der Kontaktaufnahme, der Nachrichtendienst, aus taktischen Überlegungen heraus zunächst verborgen bliebe. Das Thema Legenden wird später ausführlich behandelt.

Zum Ablauf der Ansprachen hatte ich nach meinen Erfahrungen mit Mister Cook konkrete Vorstellungen. Ich selbst wollte mich während des Gespräches sicher fühlen können, ich wollte die Situation stets im Griff haben und von unserem Kontakt sollte keine dritte Person etwas mitbekommen. Denn nur so konnte die erwünschte Diskretion gewahrt bleiben. Das bedeutete, ich musste die Ansprachen für die Zielperson überraschend auf öffentlichen Plätzen vornehmen. Ich musste also jedes Mal vorher mühsame und zeitraubende Observationsarbeit leisten, um die Gewohnheiten der jeweiligen Person in Erfahrung zu bringen. Ich allein, denn eine Observationseinheit stünde mir nur in Ausnahmefällen zur Verfügung. Die Personaldecke in unserer Behörde war viel zu dünn, um regelmäßig eine Observationsgruppe nutzen zu können. Das war der Preis, den ich für meine Methode zu zahlen hatte. Und ich zahlte ihn gerne, all die Jahre hindurch. Ich fuhr damit am sichersten und am besten. Wie gut, dass ich ein ausgebildeter Observant gewesen war!

Dann beschäftigte ich mich ausführlich mit der Frage, wie ich meine Gesprächsführung aufbauen wollte. Die einfache, aber aus meiner Sicht viel zu plumpe Methode, zu sagen: »Hallo, ich komme vom Verfassungsschutz. Hätten Sie nicht Lust für uns als VM zu arbeiten? Wäre ein krisensicherer Job und das Geld stimmt auch«, gefiel mir gar nicht. Mit der Tür ins Haus fallen war mir viel zu unsensibel, zu übergriffig. Jeder, der etwas auf sich hielt, konnte sich da nur zu einem klaren Nein provoziert fühlen. Da war keine Luft zum Atmen. Es fehlte der Raum für einen feinsinnigen Prozess der Meinungsbildung, der Annäherung an den potenziellen neuen Geschäftspartner, an die eigenen Motive und die Möglichkeiten, die sich aus einem solchen Angebot ergeben könnten.

Ich dachte mir, dieser Prozess müsste ähnlich sein wie im Marketing in Wirtschaftsunternehmen, die ein Produkt an ihre Kunden zu bringen haben. Deshalb las ich alles an Magazinen und Veröffentlichungen, was ich zu diesem Thema finden konnte. Ich stellte fest, dass der Vergleich durchaus berechtigt ist. Ich erhielt durch die Lektüre von Marketing-Fachliteratur hilfreiche Anregungen für meine eigene Arbeit und einen entscheidenden Tipp zum besseren Verständnis des Kunden. Der Kunde, so die Erkenntnis, suche immer seinen eigenen Vorteil. Der eigene Vorteil, also Eigennutz, ist die Kraft, die den Menschen zum Handeln motiviert. Es wäre allerdings ein großer Fehler, den eigenen Vorteil nur mit Geld zu assoziieren. Er findet seine Erfüllung auch in Anerkennung, Wertschätzung, dem Gefühl, sich abzuheben von der Masse, etwas Besonderes zu leisten oder in einem bestimmten Lebensgefühl. Diese Anregungen versuchte ich in mein Konzept mit einzubauen.

Weiter stellte ich mir die Frage, wie die Zielpersonen wohl auf die unangemeldete, überraschende Kontaktaufnahme reagieren würden. Wären sie verärgert, weil sie sich beschattet und in ihrer Intimsphäre verletzt fühlten? Hätte dieses Erlebnis vielleicht negative Auswirkungen auf ihre Entscheidung für eine Zusammenarbeit? Ich wusste es nicht. Ich würde es herausfinden müssen. Aber ich war mir sicher, dass dies die richtige Vorgehensweise sei.

Als nächstes musste ein Text her, mit dem ich in die Gespräche gehen wollte. Ich feilte lange daran. Mit folgender Story startete ich: »Hallo Herr / Frau ..., entschuldigen sie bitte, dass ich Sie so spontan anspreche. Mein Name ist .... Ich komme vom Verfassungsschutz. Sie sind ja in dieser ... politischen Gruppe aktiv. Ich bin für die Bearbeitung dieser Gruppe zuständig und ich dachte mir, ich stelle mich mal persönlich bei Ihnen vor, damit Sie wissen, mit wem Sie es zu tun haben. Vielleicht gibt es Fragen oder Anliegen Ihrerseits, auf die ich mal eingehen sollte.«

Zugegeben, klingt albern, deshalb war ich auch schon sehr gespannt, wie diese Geschichte wirken würde. Ob sie geeignet war, mit einer Zielperson ins Gespräch zu kommen und auch im Gespräch zu bleiben? Denn niemand, und schon gar nicht unsere Klientel ist verpflichtet, mit uns zu sprechen. Der Verfassungsschutz hat keine Exekutivrechte, er befindet sich in der undankbaren Rolle des Bittstellers.

Ich machte mich auf die Socken und suchte meine ersten Zielpersonen. Wie befürchtet, war das ein sehr mühsamer Prozess. Ich musste zum Teil tagelang observieren, um eine Zielperson in der Position zu haben, die mir für eine Ansprache am erfolgreichsten erschien. Die Ansprache war für mich immer der emotional anstrengendste Teil meiner Arbeit: Es brauchte Geduld, Ausdauer und ein ständiges Ausbalancieren der eigenen Emotionen, die rauf und runter gingen. Sie war dominiert von extremer Anspannung und der Konzentration auf die möglichen Reaktionen der Zielperson: Wie würde sie sich wohl verhalten? Gelassen oder aggressiv? Würde es mir gelingen, mein Anliegen überzeugend vorzubringen? Würde ich in der Lage sein, auf überraschende Reaktionen der Zielperson, auf die ich nicht vorbereitet war, angemessen zu reagieren? All diese Fragen schossen mir bis zum letzten Meter jedes Mal durch den Kopf, wenn ich auf die Zielperson zuging. Doch mit jeder Ansprache lernte ich dazu und im Laufe der Jahre entwickelte ich genügend Intuition, die mich gelassener und routinierter machte.

Erste Bilanz

Nach dem ersten Dutzend Ansprachen zog ich Bilanz. Der Überraschungseffekt meiner Methode erwies sich als klarer Vorteil für mich. Ich fühlte mich sicher und die Leute waren so geplättet, dass ich genug Zeit hatte, meine Botschaft verständlich einzubringen. Die inhaltliche Aussage erstaunte meine Gesprächspartner in der Regel, machte aber auch neugierig. Und so entwickelten sich aufschlussreiche Gespräche, die mir halfen, die Zielperson besser einschätzen zu können. Dazu erhielt ich gedankliche Anstöße zur Vorbereitung attraktiver Themen für das zweite, für den weiteren Verlauf der Maßnahme entscheidende Gespräch mit der Zielperson. Die vorherige Beschattung der Personen wurde mir in rechtsextremistischen Kreisen nicht übelgenommen. Dieses Milieu idealisiert einen starken Staat mit funktionierenden Nachrichtendiensten. Anders verhielt es sich bei Zielpersonen aus linksextremistischen Kreisen, mit denen ich Jahre später Bekanntschaft machte. Überraschende Ansprachen wurden in diesen Milieus als Bestätigung der andauernden

Bespitzelung durch den kapitalistischen Staat gesehen und verstärkten die Abscheu vor Nachrichtendiensten, den Handlangern des »Schweinesystems«.

Die von mir kontaktierten Personen gingen also mit folgender Erkenntnis aus dem ersten Gespräch: Der Verfassungsschutz weiß von meinen politischen Aktivitäten. Ich bin dort bekannt. Ich werde von denen anscheinend überwacht. Zumindest wussten sie, wo ich neulich gewesen bin. Ich habe jetzt mal einen von denen kennen gelernt. Man kann mit denen reden. Und im Idealfall zog die Zielperson daraus den Schluss: Wenn ich wissen will, was die alles von mir wissen, könnte ein weiteres Gespräch mit denen hilfreich sein.

Bis zum zweiten Gespräch ließ ich in der Regel ausreichend Zeit verstreichen, sodass die Zielperson bis dahin den ersten Schrecken und den dadurch ausgelösten Verfolgungswahn abgelegt und in ihren normalen Modus zurückgefunden hatte. Meist habe ich dann Gesprächspartner vorgefunden, die sich in der Zwischenzeit inhaltlich positioniert hatten und aus deren Statements schnell deutlich wurde, ob es zu einer möglichen Zusammenarbeit kommen könne.

Meine ersten praktischen Erfahrungen brachten mich zu der Erkenntnis, dass Werbungen dann erfolgreich sein können, wenn es gelingt, für die zu werbende Person eine Situation zu schaffen, die es für diese interessant macht, mit dem Verfassungsschutz ins Gespräch zu kommen und im Gespräch zu bleiben. Und so war mein erstes Jahr als Werber erstaunlich erfolgreich. Das machte mir Mut dranzubleiben. Diesen Mut brauchte ich dringend. Denn schon bald sollte eine neue Herausforderung auf mich zukommen, die mich zu überfordern drohte.

Skinheads, Skinheads, Oi, Oi, Oi!

Es war an einem sommerlich warmen Samstag Ende der 1980er-Jahre in einer wunderschönen Kleinstadt unseres Bundeslandes mit etwa 20.000 Einwohnern. Eine kleine Gruppe von Menschen machte sich auf zur Kirche. Eine Taufe sollte gefeiert werden. Unter den Gästen war eine farbige Person. Als sich die Taufgesellschaft der Kirchentüre näherte, wurde sie plötzlich von einer Gruppe von Skinheads attackiert. Vor der Kirche befand sich ein Brunnen. Um den herum waren etwa 30 saufende und grölende Skinheads versammelt, die »Sieg Heil!« schrien und den Hitlergruß zeigten. Als diese die farbige Person sahen, lösten sich einige der Skins von der Meute am Brunnen, beschimpften die Person rassistisch und begannen auf sie einzuschlagen. Die Taufgesellschaft konnte sich gerade noch in die Kirche flüchten und die Türe von innen verriegeln. Ein ungeheurer Vorgang, den es in unserem Bundesland bis dahin noch nicht gegeben hatte.

Wie sich später herausstellte, war die Gruppe am Brunnen Teil eines überregionalen Skinheadtreffens, welches an diesem Samstag über den beschaulichen Ort hereinbrach. Ein ortsansässiger Skin war der Initiator. Seiner Einladung folgten etwa 120 Skins aus der ganzen Bundesrepublik. Und die mischten den Ort erstmal richtig auf. Es kam während des Tages zu weiteren Ausschreitungen, Fußgänger wurden angepöbelt und rechtsextremistische Parolen gebrüllt. Die Polizei war völlig überfordert. Sie hatte von diesem Treffen nichts gewusst. Erst als Verstärkung eintraf, konnte sie dieses hässliche Treiben stoppen. Etwa 70 Skins wurden eingefangen und erkennungsdienstlich behandelt. Wir erlebten in unserem Bundesland das erste überregionale Skinheadtreffen und die Kollateralschäden, die solche Veranstaltungen mit sich bringen. Das Presseecho war dementsprechend groß. Die Vorfälle wurden sogar im Landtag behandelt und die Regierung war fest entschlossen, so etwas nie wieder geschehen zu lassen.

Es dauerte keine drei Tage, bis die Anordnung vom Innenministerium an unsere Behörde erging, extremistische Aktivitäten von Skinheads sowie etwaige Verbindungen von Skins zu extremistischen Gruppen verstärkt zu beobachten. Weiter wurden wir dazu verpflichtet, geplante Skinheadtreffen in Erfahrung zu bringen und die Polizei rechtzeitig darüber zu informieren. Diese Entscheidung des Ministeriums ging auch durch die Medien. Skins spielten bis dahin in bundesdeutschen Verfassungsschutzbehörden keine Rolle. Vereinzelt wurden welche bei rechtsextremistischen Veranstaltungen festgestellt. Aber die Subkultur als solche unterlag nicht der nachrichtendienstlichen Beobachtung. Kurz nach Eingang des ministeriellen Schreibens bat mich mein Chef in sein Büro und eröffnete mir, dass ich von der operativen Seite her für die Durchführung dieser Anweisung verantwortlich sei, und zwar sofort.

Wieder einmal musste ich kräftig schlucken. Widerrede hatte keinen Sinn. Ich sei der Jüngste, so sein Argument. Einen anderen habe er nicht. So fing ich innerhalb von drei Jahren zum dritten Mal neu an. Ein Jahr VM-Führung, ein Jahr Werbung in rechtsextremistischen Gruppierungen und jetzt sollte ich unter einem enormen politischen Druck möglichst schnell eine Subkultur aufklären, in der es anscheinend rechtsextremistische Netzwerke gab. Wie sollte das gehen? Eins war mir aber sofort klar: Von meiner Behörde würde nichts Konstruktives kommen. Absolut nichts! Quer durch die Führungsetagen unseres Amtes herrschte Kopfschütteln über die ergangene ministerielle Anweisung. Obwohl keine gesicherten Erkenntnisse vorlagen, waren Skinheads für diese Herren (Frauen waren damals in Führungspositionen noch die absolute Ausnahme) grölende Saufkumpanen ohne greifbare Strukturen – und vor allem ohne politische Agenda. Für die nachrichtendienstliche Beobachtung einer solchen Subkultur sah man deshalb keine rechtliche Grundlage. Man wollte den Auftrag möglichst schnell wieder loswerden und die Auseinandersetzung mit diesem Phänomen allein der Polizei überlassen. Meine Arbeit stand also von Beginn an unter besonderer Beobachtung einer voreingenommenen Führungsriege, die an einer erfolgreichen Aufklärung der Szene nicht interessiert war. Keine attraktive Ausgangsposition für mich.

Wo sollte ich nun anfangen und wie weit sollte ich gehen? Nun, der Anfang war schnell gemacht: Mir erschien es am sinnvollsten, mit der Polizeidienststelle Kontakt aufzunehmen, die mit der Bearbeitung der oben geschilderten Ausschreitungen beschäftigt war. Ich konnte dort die Ermittlungsergebnisse einsehen. Besonders interessierten mich tatbeteiligte Personen, die in unserem Bundesland wohnhaft waren. Vielleicht könnte ich mit einigen von denen ins Gespräch kommen, so meine Überlegung. Dann machte ich mich auf die mühsame Suche nach Recherchen und Forschungsergebnissen zu Subkulturen im Allgemeinen und besonders zu Skinheads. Ich arbeitete mich durch diverse Uni-Bibliotheken und die Archive politischer Magazine. Wikipedia war leider noch nicht erfunden. Doch was ich an Informationen zusammentragen konnte, war gar nicht schlecht. Ich erfuhr einiges über die Entstehung der Skinheadbewegung, über deren Lebensphilosophie und wie sie interagierte. Die Bewegung wurde für mich transparenter. Ein entscheidender Schritt für mich nach vorne! Ich gebe eine kleine Kostprobe meiner damaligen Rechercheergebnisse.

Skinheads, was sind das für Leute?

Die Skinheadbewegung entwickelte sich in den 1960er-Jahren in den Arbeitervierteln englischer Großstädte. Skins entstammten damals den unteren Schichten der Arbeiterklasse. Die Arbeiterjugendlichen spürten den sozialen Abstieg, den ihre Eltern, älteren Geschwister und angestammte Wohnviertel durchmachten. Sie fühlten sich ausgeschlossen von der gesellschaftlichen Aufbruchstimmung, die große Teile der englischen Jugend aus den Mittel- und Oberschichten in den 1960ern erfasst hatte. Zudem sahen sie ihren ureigensten Lebensbereich von der Überfremdung durch Immigranten (überwiegend Asiaten) aus dem Commonwealth bedroht.

Ihr Stil reflektierte das Bedürfnis, traditionelle Wertmaßstäbe der sozialen Gemeinschaft der Arbeiterwohnviertel zu bewahren. Skins waren stolz auf ihre Herkunft und erhoben den Mythos der Arbeiterklasse zur Ideologie. Schon im Entstehungsprozess war die Subkultur geprägt von starken Feindbildern gegenüber Ausländern (Immigranten), Hippies, Schwulen, allem Fremden, Abweichenden und angeblich Schwachen. Erfahrene Zurückweisung und Enttäuschung versuchten sie durch Attackieren eben dieser deklarierten Feinde abzureagieren. Der Hang zur Gewalt ist bei Skinheads in einem Maße vorhanden, wie er in anderen vergleichbaren Subkulturen nicht zu finden ist.

Englische Skins waren extreme Fußballfanatiker. Fußballspiele boten auch die Gelegenheit, in gewaltsamen Auseinandersetzungen mit gegnerischen Fans ihr Territorium symbolisch zu verteidigen. Dieses auffallend starke Bedürfnis nach einer gewaltsamen Verteidigung des eigenen Territoriums begleitete die Szene während des gesamten Entwicklungsprozesses. Ausländerfeindlichkeit und unrealistisches Nationalbewusstsein in der Szene haben zum Teil ihre Wurzeln darin.

Das Outfit der Skins vermittelt Brutalität und ist eine zum Ausdruck gebrachte Abgrenzung von der Umwelt: Kahlgeschoren, tätowiert, die Jeans hochgekrempelt, schwere Doc-Martens-Stiefel an den Füßen und in Bomberjacke gehüllt, so präsentieren sie sich der Gesellschaft. Diese Aufmachung signalisiert ständige Aggressionsbereitschaft und macht die Gruppenzugehörigkeit für jeden klar erkennbar. Die szenetypische Kleidung wird mit Stolz und in dem Bewusstsein getragen, dass sie sich aus der damaligen Arbeiterkleidung heraus entwickelt hatte. Die Verbundenheit mit der Working-Class wird ausdrücklich unterstrichen: Die schweren Doc-Martens-Stiefel wurden früher von Werftarbeitern getragen, die eingearbeiteten Stahlkappen schützten vor herabfallenden Gegenständen. Arbeiterjugendlichen wurden früher die Haare des Ungeziefers wegen geschoren. Glatze wird also mit Armut und Not in Verbindung gebracht. Assoziationen mit Sträflingen, Sklaven und Soldaten sind ebenfalls möglich – und so fühlt man sich gerne als Skin.

Stiefel und Glatze, zwei wesentliche Identifikationsmerkmale, haben sich auch im Straßenkampf bewährt. Doc-Martens-Stiefel, werden als Waffe benutzt. Das Treten nach dem Gegner, auch »stiefeln« genannt, ist eine mit Hingabe gepflegte »Freizeitbeschäftigung«. Die kahlrasierten Schädel machen es dem Gegner unmöglich, sich in den Haaren festzukrallen. Ein weiteres Merkmal sei noch erwähnt, die Tätowierungen: Wer sich stechen lässt, macht seine Verbundenheit mit der Lebensphilosophie der Bewegung für immer fest. Außerdem sind dabei Schmerzen auszuhalten. Besondere Bewunderung wird deshalb Skins entgegengebracht, die an ausgesprochen empfindlichen Körperstellen Tattoos vorweisen können.

Politische Ideen waren in der Anfangsphase der Bewegung nicht vorhanden, wenngleich partiell der Rassismus stark ausgeprägt war. Trotz vorhandener rassistischer Vorurteile gehörten kurioserweise Blue Beat und der aus Jamaika stammende SKA zu den beliebtesten Musikrichtungen. Anfang der 1980er gelang es der rechtsextremen britischen National Front (NF), Einfluss auf die Skinheadbewegung zu gewinnen. Der Frontmann der englischen Skinband »Screwdriver«, Ian Stuart, unterhielt enge Kontakte zur

NF und transportierte nationalsozialistische Überzeugungen über seine Musik in die Szene.

In den 1980er-Jahren schwappte die Bewegung nach Deutschland über. Nach Auffassung verschiedener Autoren waren die ersten deutschen Skins Punker, die nach Besuchen in England die Subkultur wechselten. Als Grund für den Gruppenwechsel war zu vernehmen, Punks seien zu wenig aggressiv und zu pessimistisch. Die Entwicklung der englischen Skinheadbewegung und ihr Selbstbild, eine im traditionellen Lebensstil der Arbeiterklasse verwurzelte Gruppe zu sein, diente den deutschen Skins als Identifikationsvorlage.

Auf dieser Informationsbasis konnte ich schon erste operative Überlegungen anstellen. Zu meinem großen Glück vermittelte mir zudem die Polizeidienststelle, die mit der Bearbeitung der oben beschriebenen Ausschreitungen beschäftigt war, einen Kontakt zu einem Skinhead, der an besagtem Treffen teilgenommen hatte. Nennen wir ihn Malte. Er zeigte sich der Polizei gegenüber sehr kommunikativ und er wurde auch nicht als Beschuldigter geführt. Ideale Voraussetzungen für mich. Ich hoffte, dass Malte mir einen ersten Blick in die reale Welt deutscher Skinheads ermöglichen würde. Für mich begann mit ihm eine spannende Reise in eine völlig neue Welt.

Meine Treffen mit Malte

Malte wohnte in einer Kreisstadt mit etwa dreißigtausend Einwohnern nahe an der Grenze zu unserem Bundesland. Er war noch keine achtzehn Jahre alt. Malte war Straßenbauer im ersten Lehrjahr, also ganz standesbewusst im Sinne des subkulturellen Ideals der Working-Class. Wir trafen uns in einem Biergarten mit viel Platz zum

Sitzen und ungestörtem Plaudern. Malte war eher zierlich gebaut. So wirkte er trotz seines typischen Skinhead-Outfits in keiner Weise bedrohlich auf mich. Ich wunderte mich über sein freundliches Wesen. Es mochte gar nicht zu meinen Vorstellungen passen, die ich auf Grund meiner bisherigen Lektüre von der Szene hatte.

Ich wusste nicht so recht, wie ich am geschicktesten ins Gespräch mit ihm einsteigen sollte. Ich hatte noch keine Erfahrung mit der für Skins typischen Mentalität. Ich wollte auch nicht zu aufdringlich wirken und mich dadurch ins Abseits schießen. Ich stellte mich also kurz vor und erzählte ein wenig von den Aufgaben unserer Behörde. Die Existenz von Verfassungsschutzbehörden war Malte bis dahin nicht bekannt und noch weniger deren Aufgabengebiete. Er guckte ziemlich ratlos bei meinen Erklärungen. Mir wurde schnell klar, ich müsse aufhören zu quatschen und mich aufs Wesentliche beschränken. Es brauchte eine andere Art zu kommunizieren, unkomplizierter und auf der Ebene der Wahrnehmung meines Gesprächspartners.

Okay, dachte ich. Jetzt mache ich es ganz einfach. Ich erzählte Malte, ich benötige dringend seine Hilfe. Nach den Ausschreitungen während des vergangenen Skintreffens habe uns die Regierung beauftragt, die Szene zu erforschen und herauszuarbeiten, wie es zu solchen Ausschreitungen kommen konnte. Ich sagte ihm, dass ich mir sicher sei, dass er mir bei diesen Fragen weiterhelfen könne. Malte überlegte kurz und dann schlug er ein. Gut, meinte er, er wolle es mal versuchen.

In den nächsten Wochen traf ich Malte mehrmals. Dabei erfuhr ich Wesentliches über die aktuelle Situation in der bundesdeutschen Szene. Die Aussagen der soziologischen Forschungen, die ich mir aus Bibliotheken zusammengesucht hatte, bestätigte er weitgehend. Darüber hinaus schilderte er mir, wie die Szene interagierte und welche Strömungen es in der Subkultur gab. Seinen Beobachtungen nach sei die bundesdeutsche Szene überwiegend unpolitisch eingestellt. Es gebe zwei bedeutende Musikrichtungen in der Bewegung. Die SKA-Musik und die aus England stammende Oi!-Musik. Dieser Begriff stehe für den wahren Punk der Arbeiterklasse. Er wurde in England geprägt und habe Einfluss auf die Bewegung in ganz Westeuropa. An den Wochenenden würde man regionale oder überregionale Treffen besuchen, Musik hören und mit viel Alkohol kräftig feiern. Gelegentlich komme es dabei auch zu Schlägereien.

Es gäbe keine Führungsstrukturen oder Hierarchien in der Szene, erklärte Malte weiter. Musikbands oder Herausgeber von »Fanzines« hätten aber hohes Ansehen und Einfluss auf die Bewegung. Bei Fanzines handle es sich um interne Publikationen, die von besonders bekannten und aktiven Skins in unregelmäßigen Zeitabständen aufgelegt werden würden. Diese Medien könne man nicht am Kiosk kaufen. Sie müssten persönlich per Post beim Herausgeber bestellt und bar bezahlt werden. Inhaltlich böten sie interessante Aktionsberichte, Einladungen zu Treffen, Interviews mit angesagten Skin-Bands oder bekannten Fanzine-Herausgebern, politische Themen, Hinweise auf andere Publikationen und nationale oder internationale Szeneberichte. Musik und Fanzines seien die wichtigsten Medien innerhalb der Bewegung. Über sie würden Meinungen und neue Trends kreiert und verbreitet.

Seit einigen Jahren, so führte Malte ergänzend aus, habe sich eine neue Strömung etabliert, die »White-Power-Bewegung«. Sie sei u. a. über die englische Kultband Screwdriver und deren Leader Ian Stuart sowie über einige US-amerikanische Bands nach Deutschland gelangt. Diese Bewegung sei sehr rassistisch eingestellt und identifiziere sich zum Teil mit nationalsozialistischen Überzeugungen. Sie wachse stark, auch in Deutschland. Er selbst habe mit denen nichts zu tun. Er bleibe Oi!-Skin. Aber an überregionalen Treffen würden mehr und mehr Nazi-Skins teilnehmen, wie zuletzt bei der Veranstaltung, die uns zusammengeführt habe.

Abschied von Malte

Leider konnte ich Malte nicht halten. Er ließ sich von mir nicht instrumentalisieren. Finanzielle Zuwendungen, die ich ihm als Aufwandsentschädigungen schmackhaft machen wollte, nahm er nur zögerlich an. Geld war ihm nicht so wichtig. Er spürte wohl, je öfter er sich mit mir treffen würde, umso mehr würde er in ein Abhängigkeitsverhältnis gezogen, das ihm zuwider war. Er wollte seine Unabhängigkeit, seinen subkulturell geprägten Lebensstil nicht aufgeben. Ein Job als VM mit engen Reglementierungen und Verpflichtungen passte da nicht rein. Für mich wurde es zunehmend schwieriger, ihn ausfindig zu machen. Treffen mochte er keine mehr vereinbaren und so hörte ich auf, ihn weiter zu nerven.

Ich entließ ihn in seine Freiheit. Malte war dennoch eine unermesslich große Hilfe für mich. Sollten seine Einschätzungen der Wahrheit entsprechen, dann hatte die Skinheadszene ein zunehmendes Naziproblem. Es lohnte sich für mich also, dranzubleiben, trotz der Widerstände, die mir von meinen Vorgesetzten entgegengebracht wurden. Und Malte zeigte mir auch noch den Weg auf, wie ich fündig werden könnte: über Fanzines und Skinheadbands. Ich musste mich auf die Suche nach neuen Gesprächspartnern machen. Dank der Personaldaten, die ich von der Polizeidienststelle erhalten hatte, die mir auch Malte vermittelt hatte, wurde ich schnell fündig.

Es braucht neue Wege

Ich spürte, ich würde ein neues Werbungskonzept benötigen, wenn ich in dieser Szene erfolgreich sein wollte. Wie sollte ich die offenen Ansprachen gestalten, so fragte ich mich, damit ich mit meinen subkulturell geprägten Zielpersonen ins Gespräch kommen und im Gespräch bleiben konnte? Schnell war klar, es würde wohl wieder auf »Trial-and-Error« hinauslaufen, wie bisher auch. Denn in der Behörde gab es niemanden, der in dieser Sache kompetent gewesen wäre. Ein strategischer Baustein war jedenfalls schon gesetzt: Im Interesse meiner Sicherheit würde ich offene Ansprachen auch in dieser Szene auf öffentlichen Plätzen durchführen.

Weiter erschien es mir hilfreich, mein äußeres Erscheinungsbild der Szene anzupassen. Von Malte hatte ich gelernt, Skins grenzen sich durch ihr Outfit bewusst von allem Bürgerlichen ab. Ich schloss daraus, ich könnte von meinen Zielpersonen positiver wahrgenommen werden, wenn ich mich szenetypisch kleiden würde. Inhaltlich wollte ich meine Gespräche ganz auf die Bedürfnisse und Anliegen der Szene lenken. Fragen nach Personaldaten oder geplanten Aktionen sollten anfangs tabu bleiben, um ja keine Verräter Komplexe zu wecken. Ansonsten ging es mir zunächst einmal darum, mit der Szene in Kontakt zu kommen und sie live studieren zu können.

Ich stellte meine Überlegungen meinem Chef vor. Er tat sich schwer damit. Ich wich mit meinen Vorstellungen zu sehr von den gewohnten Arbeitsmethoden ab. Außerdem gehörte er zu den Skeptikern, was die Beobachtung der Skinheadszene anbelangte. Aber der Druck des Ministeriums nach Aufklärungserfolgen saß ihm arg im Nacken. Es blieb ihm keine Wahl. Er unterstützte mich letztendlich und setzte sich sogar beim Abteilungsleiter dafür ein, dass ich für die Anschaffung szenetypischer Kleidung finanzielle Unterstützung aus dem Budget bekam, das uns für operative Maßnahmen zur Verfügung stand. Der Rest der Kollegenschaft schüttelte nur den Kopf, was meine Pläne anbelangte. Ich stand unter erheblichem Erfolgsdruck, wenn ich mein Ansehen im Sachgebiet nicht aufs Spiel setzen wollte.

Nagende Selbstzweifel

Erst einmal ging ich einkaufen. In einem Szeneladen bekam ich, was ich brauchte: Bomberjacke, Doc-Martens-Stiefel, Lonsdale-Shirts und passende Jeans. Die Haare wurden extrem kurz. Zur Glatze hatte ich keinen Mut. Oder sagen wir, ein kahl rasierter Schädel wäre sogar mir zu viel gewesen. Dann machte ich mich an die ersten Ansprachen. Ich fühlte mich sehr fremd und ausgesprochen albern in den Klamotten, die ich mir zugelegt hatte. Mich überfielen plötzlich große Zweifel und ich fragte mich, ob ich sie noch alle hatte. Wäre das Gehabe nicht arg übertrieben? Wie sollte ich reagieren, wenn sich meine Gesprächspartner über mich lustig machen würden wegen meines Outfits? Nun, es gab kein Zurück mehr. Ich musste da jetzt durch. Ich konnte im Büro schlecht argumentieren, ich bräuchte die Szeneklamotten doch nicht, nachdem ich schon Geld dafür ausgegeben hatte.

Erste Erfahrungen

Nach mehreren Wochen mühsamer Arbeit hatte ich eine Handvoll Skins kontaktiert, und ich war um viele wertvolle Erfahrungen reicher. Mein Auftritt in Szenekleidung kam überraschend gut an. Die nagenden Zweifel fielen von mir ab. Ich konnte befreit durchatmen, was mir einen enormen Motivationsschub verpasste für meine weitere

Arbeit in dieser Szene. Über meine Gesprächspartner kam ich an viele interessante Fanzines und Informationen zu angesagten Skinbands. Eine wichtige Basis für weitere Recherchen. Interessant für mich waren auch die Reaktionen meiner Zielpersonen auf meine Zugehörigkeit zum Nachrichtendienst. Keiner von denen wusste, dass Verfassungsschutzbehörden existierten und welche Aufgaben sie hatten! Deshalb gab es zunächst auch keine Berührungsängste mit mir.

Je mehr ich mich aber thematisch in Richtung VM-Tätigkeit bewegte, desto problematischer wurde es. Alles Behördlich-Bürokratische wurde abgelehnt. Ich musste meinen Zielpersonen die Angst nehmen, ich würde meine Informationen mit den »Bullen«, also mit der Polizei, teilen. Die Polizei war ein klares Feindbild in der Szene. Keiner wollte sich in das von verpflichtenden Vereinbarungen geprägte enge Korsett einer amtlichen VM-Tätigkeit pressen lassen. Das passte alles nicht in die Lebensphilosophie meiner Gesprächspartner. Mir wurde klar, hier würde es noch viele Schwierigkeiten geben. Wie sollte ich in der Szene Informanten installieren, wenn diese nicht bereit waren, unser administratives Gehabe mitzumachen? So wie sich andererseits auch meine Behörde zunächst nicht bereit gezeigt hat, im Interesse der Informationsgewinnung die bisher gewohnten Verfahrensweisen an ein neues Beobachtungsobjekt anzupassen. Amtsstube traf auf Subkultur und ich lag dazwischen wie ein paar zarte Gurkenscheiben im Hamburger. Sandwichposition nennt man so etwas. Ein äußerst unattraktiver Ort für den, der den Druck von oben und unten zu spüren bekommt.

Die ersten Treffberichte zu meinen Kontakten trieben meinen Vorgesetzten Sorgen- und Zornesfalten auf die Stirn. Als ihnen durch diese bewusst wurde, wie schwer Informanten in dieser Szene zu führen sind und welche Risiken damit verbunden sein würden, wurden die Abwehrbewegungen intensiver. Und mir wurde wegen meines Engagements mehrfach übersteigerte Profilierungssucht nachgesagt! Am liebsten hätte man mich gestoppt, aber der Druck aus dem Ministerium nach Aufklärung rettete mich. Und dann ließ ich mir zum Missfallen meiner Vorgesetzten und vieler älterer Kollegen auch noch einen Ohrring stechen, wie es in der Szene üblich war. Ich war damals der erste Angehörige unserer Behörde, der es wagte, einen Ohrring zu tragen. Ein ausgesprochener Fauxpas für das Beamtenmilieu Ende der 1980er-Jahre! Mein Chef zitierte mich sofort zu sich. Doch als er hörte, dass mein neues Schmuckstück ausschließlich operativen, also dienstlichen Hintergrund habe, waren ihm die Hände gebunden.

Ich hatte es geschafft: Mit meiner neuen Aufgabe war ich innerhalb kurzer Zeit Gesprächsthema in den oberen Führungsetagen unserer Behörde geworden - allerdings in einem ausgesprochen negativen Sinne.

Von den kontaktierten Zielpersonen konnte ich nur eine über mehrere Monate halten, bevor auch sie absprang. Über diese Person gelang es das erste Mal rechtzeitig von einem geplanten überregionalen Skinheadtreffen in unserem Zuständigkeitsbereich mit mehreren hundert erwarteten Teilnehmern Wind zu bekommen. Wir konnten die Polizei darüber informieren und so Ausschreitungen verhindern, wie wir sie schon einmal erlebt hatten. Die Polizeiführung bedankte sich ausdrücklich für unsere Informationen. Und auch das Ministerium fand lobende Worte für meinen ersten Aufklärungserfolg in der Skinheadszene. Selbstverständlich ging das durchlauchte ministerielle Lob nicht an mich persönlich. Dort kannte mich keiner. Nein, der Präsident unserer Behörde und der zuständige Abteilungsleiter wurden großzügig damit bedacht. Die Herren wiesen dieses Lob natürlich nicht empört von sich, wie es ihre Haltung zur Beobachtung der Skinheadszene hätte vermuten lassen. Stattdessen genoss man gerührt die unverdienten Streicheleinheiten.

Die Arbeit wächst mir über den Kopf

Zu allen Belastungen, die der Außendienst mit sich brachte, durfte ich auch noch die beachtliche Menge an Fanzines und Musikkassetten von regionalen Skinbands auswerten, die ich von meinen Zielpersonen eingesammelt hatte. Die zuständige Auswertungsabteilung weigerte sich, das Material entgegenzunehmen oder mich zu unterstützen, da die Herausgeber ihrer Argumentation nach keiner verfassungsfeindlichen Organisation angehören würden. Somit seien sie auch nicht zuständig. Diese Auffassung wurde von den Verantwortlichen geteilt und ich musste sehen, wie ich allein klarkam.

Also las ich mich durch zig Fanzines und hörte mich durch den übelsten Garagensound, der mir bis dahin begegnet war. Manche der Skinbands beherrschten gerade mal drei Akkorde. Das musikalische Defizit wurde durch lautes Grölen und nervtötende, unrhythmische Schlagzeug-Sequenzen ausgeglichen. Viele der Textpassagen musste ich mehrmals hören, um sie überhaupt verstehen zu können. Am besten hätte sich dafür ein Walkman geeignet. Zur Erklärung für die Unkundigen: Walkmans waren in den 1980er-Jahren die modernsten Abspielgeräte für Musikkassetten. So etwas wie iPods heute. Die Vor- und Rückspultasten ließen sich flüssig betätigen. Also genau das Richtige für meine Auswertungsarbeit.

Mein Antrag auf Anschaffung eines solchen Gerätes wurde aber abgelehnt. Es gäbe in der Behörde keine anderweitige Verwendung dafür, lautete die Begründung. Stattdessen wurde mir ein Kassetten-Radio-Gerät, groß wie eine Mikrowelle und mit schwerfälliger Mechanik, auf den Schreibtisch gestellt. Der Pförtner, der im Zugangsbereich zu unserem Amtsgebäude saß, musste mir das Gerät abgeben. Es gab Ende der 1980erJahre tatsächlich deutsche Nachrichtendienste, die nicht mal über einen Walkman verfügten. Mir war das Spielchen zu blöde. Ich ruinierte mir lieber durch das ständige Vor- und Zurückspielen im dienstlichen Auftrag meinen privaten Walkman. Ich wollte ja vorankommen.

Letztendlich hatten sich all die Mühen jedoch wieder einmal gelohnt: Ich fand in den Publikationen und in den Liedtexten eine Menge an rassistischen, volksverhetzenden und eindeutig rechtsextremistischen Aussagen. Ich hatte zum ersten Mal Beweise für verfassungsfeindliche Strömungen innerhalb der Skinheadszene vorliegen, die nicht vom Tisch gewischt werden konnten. Darüber hinaus offenbarte mir die ausgiebige Beschäftigung mit den szeneinternen Medien die Gedankenwelt der Subkultur und deren Sprache auf eine ganz neue Weise. Das half mir, meine operativen Strategien zu verfeinern und eine neue Idee zu entwickeln, die ich unbedingt ausprobieren musste.

Auf, auf in die Welt der Legenden!

Beim Lesen der Fanzines fiel mir auf, dass dort viele Leserbriefe von Skins aus der ganzen Republik und sogar aus dem deutschsprachigen Ausland veröffentlicht wurden. Diese Medien waren also Kommunikationsplattformen auf Basis der technischen Mittel, die man damals hatte. So wie heute WhatsApp oder andere Messenger. Es könnte doch eine gute Idee sein, dachte ich bei mir, wenn ich mich in diese Plattform mit einklinken würde. Dazu brauchte ich lediglich eine Tarnidentität mit existierender Adresse. Und ich musste darauf achten, dass ich der örtlichen Szene dabei nicht zu nahekam. Ich hätte sonst enttarnt werden können. Die Maßnahme wurde sogar von meinen Vorgesetzten zügig genehmigt. Sie war billig und ließ auch kein erhöhtes Einsatzrisiko erkennen.

Ein älterer Kollege aus dem Referat unterstützte mich überraschend. Er vermittelte mir einen Bekannten aus seinem privaten Umfeld, den er für vertrauenswürdig hielt und der mir die Möglichkeit gab, an dessen Wohnhaus einen Briefkasten für meine Tarnidentität anzubringen. Das Wohnanwesen lag örtlich sehr günstig. Es passte von der Lage her perfekt in meine Strategie. Man nennt diese Verfahrensweise im Fachjargon die »Nutzung eines Legendenwohnungsgebers« (LWG). Dieses Verfahren hat allerdings einen großen Nachteil: Man kauft sich einen externen Mitwisser ein, der für die ganze Operation zur Gefahr werden kann. Ein hilfreiches, aber unsicheres Puzzleteilchen im Fundament einer operativen Maßnahme also, welches im ungünstigsten Falle die ganze Konstruktion zum Einsturz bringen könnte. Ich hatte mit meinem LWG großes Glück. Er blieb die ganze Zeit über zuverlässig und verschwiegen. Später nutzte ich dieses Mittel nicht mehr. Es blieb mir zu risikobehaftet.

Dank meiner Tarnidentität konnte ich nun eintauchen in die Kommunikation der nationalen und westeuropäischen Skinszene. Ich kam dadurch in Kontakt mit Naziskins, meiner eigentlichen Zielgruppe, und gelangte an deren aktuelle Publikationen und Musikprodukte. Dieses Material war die Basis für eine umfassende Analyse, mit der ich nachweisen konnte, dass es eine stark wachsende rechtsextremistische Strömung, nicht nur in der deutschen, sondern in der gesamten Skinheadszene der westeuropäischen Staaten gibt. Damit konnte ich meine skeptischen Vorgesetzten zwar noch nicht endgültig überzeugen, aber zumindest milder stimmen. Den eigentlichen Wendepunkt brachte erst das Interesse des Bundesamtes für Verfassungsschutz (BfV) an meiner Arbeit.

Wie so oft, war es der Impuls von außen, der etwas bewegte. Mittlerweile wurden auch andere Bundesländer regelmäßig von überregionalen Skinheadtreffen heimgesucht, die mit Randalen und rechtsextremistischen Ausfällen endeten. Es hatte sich unter den Verfassungsschutzbehörden rumgesprochen, dass wir uns auf Anweisung der Politik schon länger mit diesem Phänomen beschäftigen mussten. Und so reiste eine Delegation des BfV an, um sich mit mir im Beisein meiner Vorgesetzten auszutauschen. Sie zeigten sich sehr interessiert und wertschätzend meiner Arbeit gegenüber. Sie fragten sogar an, ob ich sie bei eigenen operativen Maßnahmen in dieser Szene nicht unterstützen könnte. Denn auf Grund aller Informationen, die sie selbst sammeln konnten, sähen sie eine Zuständigkeit für ihre Behörde eröffnet.

Während meine Vorgesetzten verlegen ihre Gesichter verzogen, stieg in meiner Seele zum ersten Mal nach all den Monaten harter Arbeit, unfairer Kritik und herablassender Missachtung meiner Anstrengungen ein tiefes Gefühl des Triumphes auf, aber auch der Verachtung meinen Vorgesetzten gegenüber. Als ich in ihre Gesichter sah, schoss mir der Gedanke durch den Kopf: »Fuck you all, you assh...!« Gleichzeitig spürte ich den Beginn einer tiefen Entfremdung zwischen mir und dem Establishment unserer Behörde. Ich konnte dieses Gefühl nicht einordnen. Noch nicht. Was war bloß los mit mir, fragte ich mich erschrocken. Vielleicht, beruhigte ich mich, fehlte es mir nur an der nötigen Selbstkritik.

Die erlösende Wende

Mit dem Einstieg des Bundesamtes und dem Nachziehen vieler anderer Landesämter in die Beobachtung rechtsextremistischer Strömungen in der Skinheadszene veränderte sich meine Situation schlagartig. Unser Präsident erließ auf Grund meiner Recherchen und motiviert durch die Absichten des BfV eine Anweisung zur

Beobachtung rechtsextremistischer Skinheads für unsere Behörde. In der Begründung für seine Anweisung verwendete er zum Teil wortwörtlich Passagen aus meiner Analyse. Damit war ich vollständig rehabilitiert.

Die Rahmenbedingungen meiner Arbeit veränderten sich rasant zum Besseren. Unsere Referatsgruppe wurde umorganisiert. Es wurde ein Sachgebiet geschaffen, das ausschließlich für die Bearbeitung der Neonazi- und Skinheadszene zuständig war, dem ich auch angehören sollte. Ich erhielt Verstärkung für die Werbung. Ein sehr engagierter und fähiger Kollege, der wie ich ebenfalls aus der Polizei kam, wurde mein Partner. Zusammen waren wir nun für Werbemaßnahmen in diesen Szenen verantwortlich.

Auf Seiten der Auswertung tat sich ebenfalls Erstaunliches. Sie war nun offiziell zuständig für die Bearbeitung unserer neuen Klientel und konnte sich nicht mehr rausreden. Dazu erhielt die Auswertung personelle Verstärkung. Ein junger, unvoreingenommener Mitarbeiter wurde eingestellt, mit dem wir vonseiten der Beschaffung ausgesprochen konstruktiv zusammenarbeiten konnten. Endlich war es mir wieder möglich, mich meiner Lieblingsbeschäftigung zuzuwenden: der Anwerbung von Informanten. Und das war auch dringend nötig. Denn wir hatten ein gewaltiges Defizit an Zugängen zu rechtsextremistischen Skinhead- und Neonazigruppen aufzuarbeiten.

Mein Partner und ich kämpften uns in den folgenden Jahren mit viel Engagement durch die Naziszene in unserem Bundesland. Eine Arbeit, die mir tiefe Befriedigung verschaffte. Wir ergänzten uns ausgezeichnet, ermutigten uns bei Niederlagen und freuten uns wie kleine Kinder am beruflichen Erfolg des jeweils anderen. Mein alter Chef ging in Rente. Mit ihm viele der Kollegen, die in die Jahre gekommen waren. Neue Organisationsstrukturen und Mitarbeiter kamen und gingen. Ich war vom Youngster zum routinierten Werber geworden. Aus dieser Zeit gäbe es noch vieles zu berichten. Doch das würde zu weit führen. Deshalb beschränke ich mich auf die Erzählung von drei operativen Maßnahmen aus dieser beruflichen Phase, die exemplarisch dafür stehen, welche Konstellationen Werbemaßnahmen in dieser Szene so spannend aber auch so problematisch gemacht haben.

Werber meets Nazigruppe - Legenden machen es möglich

Gleich nachdem mein neuer Partner eingearbeitet war, startete ich mit Werbungen unter Naziskins. Von den örtlichen Polizeibehörden wurden wir darauf hingewiesen, dass in einer Kreisstadt mit etwa 20.000 Einwohnern, 280 km von meinem Dienstort entfernt, eine neue Neonaziszene im Entstehen war. Der Gruppe würden neben den typischen Neonazis auch Skinheads angehören. Die Szene wachse auffallend stark, was die Bevölkerung sehr beunruhige, so der Polizeibericht.

Ich machte mich auf den Weg zur mitteilenden Polizeibehörde. Deren Ermittlungsergebnisse waren eindeutig. Die Ereignisse spitzten sich zu. Wir mussten dringend tätig werden. Ich ließ mir von meinen Polizeikollegen noch Tipps geben, wen sie aus der Gruppe für eine Werbemaßnahme empfehlen würden, dann machte ich mich an die Arbeit. Ich wählte einen jungen Skin aus, der in strafrechtlicher Hinsicht noch nicht aufgefallen war.

Zäher Start

Die Observation meiner neuen Zielperson, die ich wieder einmal allein leisten musste, war sehr mühsam. Mein Opfer war immer in Begleitung eines anderen Skins unterwegs, sodass ich nicht an ihn rankam. Nach mehreren Tagen Observation gab ich entnervt auf. Bei meinem letzten Versuch wären die Rahmenbedingungen zwar sehr günstig gewesen: Die Zielperson startete allein von zu Hause, sprang aber gleich nach dem Verlassen der Wohnung in einen städtischen Bus. Mir blieb nur, mit dem Auto die Verfolgung aufzunehmen. Die Zielperson setzte sich in die letzte Reihe und beobachtete die nachfolgenden Fahrzeuge. Irgendetwas musste ihr aufgefallen sein. Sie ließ mich nicht mehr aus den Augen. Ich entschied, die Observation sofort zu stoppen und drehte bei der nächsten Möglichkeit ab. Mehrere Tage mühsame Arbeit waren wieder einmal umsonst. Ich war richtig angefressen, obwohl ich ja wusste, dass solche Erfahrungen zu meinem Arbeitsalltag gehörten.

Hitch-hike-Baby mit Glatze und Stiefeln

Nachdem ich meinen Einsatz abgebrochen hatte, machte ich mich auf den Weg in den nächsten Ort zu meinem Hotel. Unterwegs sah ich einen trampenden Skinhead am Straßenrand stehen. Nach all dem Frust wollte ich mir die Chance nicht entgehen lassen und hielt an. Der Skin rannte zu meinem Wagen und fragte, ob ich ihn in den nächsten Ort mitnehmen könnte. Klar, meinte ich und schon hockte er bei mir im Fahrzeug. Als er mich so dasitzen sah in meiner Bomberjacke mit »White-Power-Button« und meinen Doc-Martens-Stiefeln meinte er: »Bist du ein Kamerad?« Da wollte ich mal nicht nein sagen. Und schon hatte ich einen neuen »Freund« gewonnen. Wir unterhielten uns prächtig. Er war auf den Weg zu einer Sonnwendfeier, die von seiner Nazigruppe, exakt von der Gruppe, die ich im Auge hatte, veranstaltet wurde. Ich lud ihn direkt dort ab. Er sprang aus dem Auto und stellte mich sofort unüberhörbar seinen Kameraden vor:

»Hört mal her«, posaunte er raus, »das ist der ...« – ich benutzte ihm gegenüber meine Tarnidentität, die ich mir für meine Kontakte in die Fanzine-Szene zugelegt hatte. »Er ist ein Kamerad aus ...

und hat mich mit seinem Auto mitgenommen und mich extra hierhergebracht«, ergänzte er.

Ich wurde von den anderen Nazis höflich willkommen geheißen und gebeten, zu bleiben. Mir wurde die Sache aber dann doch zu heiß. Ich war gar nicht vorbereitet auf so eine Situation. Deshalb wollte ich schnell wieder weg. Ich bedankte mich für die freundliche Einladung und entschuldigte mich mit der Erklärung, ich könne leider nicht bleiben, weil ich ja nur auf der Durchreise sei und noch einen Besuch bei Verwandten machen müsse, die hier in einem der nächsten Orte leben würden. Man hatte dafür Verständnis und so konnte ich wieder los. Vorher tauschten mein Hitch-hike-Baby und ich aber noch Adressen und Telefonnummern aus. Wir wollten in Kontakt bleiben und ich sollte mich auf jeden Fall bei ihm melden, wenn ich wieder hier in der Nähe sei.

Neue Perspektiven?

Ich war sowas von happy! So gesehen war mein Einsatz also doch nicht vergebens gewesen. Ich konnte es kaum glauben. Plötzlich hatte ich einen Türöffner in die Nazigruppe, die ich aufklären sollte. Ich war fest davon überzeugt, dass sich daraus etwas Vernünftiges machen ließe. Schon auf der langen Heimreise begann ich einen Plan zu entwickeln, wie ich mit dieser Gruppe unter Legende in Kontakt bleiben konnte.

In den folgenden Wochen tauschte ich mich regelmäßig per Brief und gelegentlich auch per Telefon mit meinem neuen »Freund« aus. Er war in seiner Persönlichkeitsstruktur noch sehr jugendlich und naiv. So konnte ich durch ihn viele Informationen über die Gruppe sammeln, ohne viel von mir preisgeben zu müssen. Es dauerte nicht lange und ich erhielt von ihm eine Einladung zu einem Stadtfest in meinem neuen Einsatzort. Seine Gruppe würde anlässlich des Festes einige Aktionen planen und vorher würde man sich zu einem Kameradschaftsabend treffen. Ich sei herzlich eingeladen, ließ mich mein »Freund« wissen.

Wirklich eine gute Idee?

Die Gelegenheit wollte ich mir nicht entgehen lassen. Denn so konnte ich live die Gruppenstrukturen studieren und hilfreiche Anregungen für weitere operative Maßnahmen erhalten. Ich musste nur meine Vorgesetzten für diesen Plan gewinnen. Zu meiner Überraschung gab es von deren Seite keine Bedenken. Ob sie die damit verbundenen Risiken nicht richtig einzuschätzen wussten, fragte ich mich ungläubig. Nun, mir sollte es recht sein. Ich traf alle Vorbereitungen und machte mich auf die Socken. Ich hatte mich in ein Hotel in einem der Nachbarorte meines Zielgebietes eingebucht. Das sollte mein erster Anlaufpunkt sein.

Auf dem Weg dahin spürte ich plötzlich wieder heftige Zweifel in mir aufkommen. Hatte ich wohl wirklich alles bedacht, tönte es in meinem Kopf. Was würde auf mich zukommen, wenn ich enttarnt werden würde? Welche Schlagzeilen und Konsequenzen hätte dies zur Folge? Mein ganzes Renommee, das ich mir inzwischen mühsam erworben hatte, wäre dahin. Ich hatte ja keine Unterstützung vor Ort. Und direkter Kontakt zu meiner Dienststelle war auch nicht möglich. Handys gab es damals nicht. Ich war ganz auf mich allein gestellt. Warum nur dieses Risiko? War das verhältnismäßig? Sicher würde keiner meiner Kollegen so dumm sein und so weit gehen! So rumorte es in meinem Kopf, bis ich im Hotel eincheckte. Ich musste erstmal ankommen. Dann wurde ich ruhiger. Die Zuversicht kehrte zurück.

Mittendrin

Am nächsten Tag wurde es ernst. Ich sollte mich am frühen Nachmittag mit meinem neuen »Kameraden« in der Innenstadt treffen. Ich war pünktlich. Eine viertel Stunde später kam er dann endlich. Er war in Begleitung von zwei anderen jugendlichen Skinheads. Ich wurde freudig begrüßt mit einem lauten »Sieg Heil!« und festem Schulterklopfen. Ich zuckte zusammen und schaute mich verlegen um. Jetzt war ich mittendrin. Was für eine Scheiße, dachte ich mir plötzlich.

Man hatte für mich ein umfangreiches Besichtigungsprogramm vorbereitet. Ich wurde von hier nach da geschleppt, begleitet von Gegröle und Pöbeleien gegen ausländische Mitbürger. Bis nachmittags um fünf ging das so. Ich war nach den paar Stunden schon völlig gestresst. Ständig hielt ich Ausschau nach Polizeistreifen. Was ich auf keinen Fall gebrauchen konnte, wäre eine Polizeikontrolle gewesen. Dann hieß es plötzlich, wir müssten noch Bier einkaufen und langsam zum Kameradschaftstreffen aufbrechen. Dazu wurde mein Fahrzeug benötigt. Mein Dienstfahrzeug also. Die drei wollten bei mir mitfahren und vorher sollten noch mehrere Kisten Bier eingeladen werden. Das Bier ging natürlich auf meine Rechnung oder besser gesagt auf Staatskosten. Wie die zwei Packungen Zigaretten auch, die meine Gastgeber während unserer gemeinsamen Tour großzügig von mir geschnorrt hatten. So war das nun mal unter »Kameraden«.

Wir fuhren zu einem nahe gelegenen Waldstück. Auf dem Weg dorthin dröhnte laute Rechtsrock-Musik aus den geöffneten Fenstern meines Autos. Meine Begleiter hatten die Kassette mitgebracht. Zu den rassistischen Texten flogen die Arme aus den Fenstern, begleitet von nicht zu überhörendem Sieg-Heil-Geschrei. Meine Hände blieben fest am Lenkrad. Manche Passanten schauten uns lange hinterher, wie ich im Rückspiegel sehen konnte. Ich hoffte weiter und flehte den lieben Gott an, er möge mir jegliche Polizeikontakte ersparen. Mein Einsatz würde sonst richtig in die Hosen gehen. Noch ein paar hundert Meter Feldweg und wir waren da. Dort parkten schon zwei, drei Autos. Junge Männer, Skinheads und Neonazis mit Bierflaschen in den Händen, standen in Grüppchen zusammen. Wir luden unsere Kisten aus und schleppten sie ein Stück in den Wald hinein zu einer Lichtung. Dort befand sich der Versammlungsort für den Kameradschaftsabend.

Der Platz füllte sich zunehmend. Meine Gastgeber plauderten mit anderen Teilnehmern. Ich stand etwas verloren rum und versuchte, die Szenen, die sich vor mir abspielten, genau zu erfassen. Meine Nervosität stieg. Was würde wohl auf mich zukommen, fragte ich mich ängstlich. Zum Abhauen war es jetzt definitiv zu spät. Unter den Anwesenden entdeckte ich auch den jugendlichen Skin, die Zielperson, hinter der ich vor einigen Wochen her gewesen war. Dann startete die Show. Wir saßen im Kreis. Es dürften etwa zwanzig Nazis und Skinheads anwesend gewesen sein. Ich quetschte mich zwischen meine Gastgeber. Mir genau gegenüber platzierte sich der Chef der Gruppe. Ein 150%iger Neonazi, wie sich im Laufe des Abends noch zeigen würde. Als er mich entdeckte, fragte er laut in die Runde hinein: »Was ist das denn da für ein Typ? Den habe ich hier noch nie gesehen!« Mein »Freund« sprang mir sofort zur Seite, erzählte von unseren Begegnungen und versicherte, ich sei ein zuverlässiger Kamerad. Ich hätte sogar mehrere Kisten Bier spendiert. Anerkennendes Geraune ging durch die Reihen. Und auch der Boss der Gruppe schien überzeugt. Er ließ von mir ab. Mir rutschte das Herz in die Hosentasche. Ich brauchte erst mal ein Bier, damit ich mich wieder beruhigte.

Dann wurde es richtig interessant für mich. Der Abend bot inhaltlich zwar nichts Besonderes: Übliches Nazigelaber, rassistische Parolen, Sieg-Heil-Geschrei, Judenwitze und ein paar Termine für die kommende Woche. Aber ich konnte die Interaktionen in der Gruppe genau beobachten. Es zeigte sich deutlich, wer wirklich das Sagen hatte, wer die ideologischen Einpeitscher waren und wer auf der Seite der Mitläufer stand. Wer bei den maßgeblichen Leuten Gehör fand und wer nur belächelt wurde. Meine jugendliche Zielperson z. B. wurde in keiner Weise ernst genommen. Als VM hätte sie deshalb auch nicht die erwünschten Aufklärungsergebnisse bringen können. Wie gut, dachte ich mir, dass es nichts geworden ist mit der Anwerbung. Einige der Anwesenden kannte ich aus den Polizeiakten. Darunter fanden sich zwei Personen, die meiner Beobachtung nach das Zeug für einen ordentlichen VM hätten. Das wären doch zwei wertvolle Tipps für meinen Partner, war ich überzeugt.

Schreckminuten

Nach knapp eineinhalb Stunden war das Spektakel zu Ende. Man brach gemeinsam auf zum Stadtfest mit Kirmes und Bierzelt. Dort sollte der Abend weitergehen mit saufen und stänkern. Wir schleppten die leeren Bierkisten zu meinem Auto und wollten aufbrechen. Plötzlich stand meine verflossene Zielperson vor meinem Wagen und inspizierte ihn genau. Dann meinte sie, es sei schon seltsam. Vor einigen Wochen sei sie genau von so einem Fahrzeug verfolgt worden als sie mit dem städtischen Bus unterwegs gewesen sei. Die Fahrzeugmarke, die Farbe, sogar die Buchstaben für die Zulassungsstelle wären identisch mit seinen Beobachtungen. Mich durchzuckte ein riesiger Schrecken. Dem jungen Skin musste damals, als er in der letzten Bank im Bus saß und ich hinterherfuhr, tatsächlich meine Observation aufgefallen sein. Ganz so naiv war er also anscheinend doch nicht! Meine Unvorsichtigkeit drohte mir jetzt zum Verhängnis zu werden.

Meine Begleiter guckten etwas ratlos. Sie hatten zum Glück schon ordentlich von meinem Bier gebechert. Was sollte ich jetzt bloß antworten? Ich zuckte mit den Schultern und argumentierte, ich könne mir das nicht erklären. Ich sei öfter hier in der Gegend auf Besuch bei meinen Verwandten. Vielleicht wären wir uns zufällig begegnet. Ich könne mich auch erinnern, dass ich mal längere Zeit hinter einem Bus hergefahren sei und ich fast geplatzt wäre vor Ärger, weil ich es eilig hatte und nicht überholen konnte. Dem jungen Skin schien meine Erklärung glaubhaft und er trottete davon. Meine Begleiter nickten zufrieden und wir machten uns auf zur Kirmes.

Jetzt aber nichts wie raus hier

Dort angekommen ging es gleich weiter mit Ärger. Mit Bierflaschen in der Hand streiften die Nazis in Grüppchen an den Fahrgeschäften vorbei und suchten gezielt Streit mit Besuchern, die ihrer Meinung nach »Zecken« (aus Sicht der Nazis Linke) oder »Kanacken« (Ausländer) sein müssten. Die Lage spitzte sich zu. Es war bereits 23Uhr und ich merkte, wie ausgepowert ich mittlerweile durch die Anspannungen dieses Tages war. Meine Begleiter waren schon so betrunken, dass sie ihre Umwelt nicht mehr richtig wahrnehmen konnten. Als der Erste anfing zu kotzen und die anderen dringend eine Toilette suchten, bot sich mir die so heiß ersehnte, wunderbare Gelegenheit, mich aus dem Staub machen zu können. Beinahe hätte ich mein Auto nicht mehr gefunden. Ich hatte auch schon zwei Liter Bier in mir. Zehn Kilometer durch die Nacht auf der Landstraße durch finstere Wälder waren es bis zu meinem Hotel. Die musste ich jetzt noch schaffen, am besten ohne Polizeikontrolle und ohne Wildschweine, die die Straße kreuzten. Als ich nächsten Morgen aufwachte, war ich immer noch fertig. Aber auch überglücklich. Ich war tatsächlich heil aus der Nummer rausgekommen! Was für ein Glück, dachte ich. Es dauerte, bis ich meine Erlebnisse verarbeiten und richtig einordnen konnte.

Den Legendenkontakt zu dieser Gruppe ließ ich langsam auslaufen. Ein weiterer Besuch dort wäre fahrlässig, nein, dumm gewesen. Meine Einschätzungen zur Führungsstruktur der Gruppe konnte ich an die Polizei weitergeben. Und meinem Partner gelang es nach längerer Arbeit einen meiner getippten Gruppenangehörigen anzuwerben. Wir hatten endlich einen Zugang. Die Anstrengungen waren nicht umsonst. Schon wenig später wären solche Einsätze nicht mehr möglich gewesen. Als meine Vorgesetzten meinen detaillierten Bericht lasen, merkten sie erst, was alles schief gehen hätte können.

Und ich, wie urteilte ich über meinen Einsatz? Nun, ich hatte dadurch viel gelernt. Diese Erfahrung mochte ich nicht missen. Und ich hatte mit viel Glück einen wunderbaren Aufklärungserfolg für die Behörde eingefahren. Die damit verbundenen Risiken jedoch hatte ich allein schultern müssen.

Großes Pech mit Mark

Mark war ein rechtsextremistisch eingestellter Skinhead. Er hatte Verbindungen in die Neonaziszene der zweitgrößten Stadt unseres Bundeslandes, in der er auch wohnte, und er verkehrte in rassistisch geprägten Skinhead-Cliquen. Ich wurde durch einen Polizeibericht, der sich mit Ausschreitungen zwischen rechten und linken Subkulturen in dieser Stadt beschäftigte, auf ihn aufmerksam. Mark schien gut vernetzt zu sein. Sein Vorstrafenregister war angenehm dünn. Nur ein paar Anzeigen wegen Beleidigungen und einfacher Propagandadelikte, für die er gemäß dem Jugendrecht Sozialstunden leisten musste. Ich hielt ihn für eine interessante Zielperson, deshalb startete ich einen Anwerbeversuch bei ihm.

Mark befand sich im dritten Lehrjahr. Er arbeitete in der Lebensmittelabteilung eines großen Kaufhauses in der Innenstadt seines Wohnortes. Die Rahmenbedingungen dort waren günstig für mich. Es dauerte nicht lange und ich konnte Mark kontaktieren, nachdem er Feierabend hatte und zur U-Bahn schlenderte. Die ersten Gespräche mit ihm ließen sich gut an. Es folgten weitere Treffen. Wir lernten uns näher kennen und entdeckten so gewisse Synergie-Effekte in unseren jeweiligen Interessen. Mark wollte sich in der Szene unbedingt einen Namen als Fanzines-Herausgeber machen. Ihm fehlten nur noch die Ideen dafür und die redaktionellen Fähigkeiten. Für meine Aufklärungsarbeit wäre es ein großer Erfolg gewesen, wenn ich an den Informationen partizipieren hätte können, die bei einem Herausgeber eines Fanzines im Laufe der Zeit anfallen würden. Und so beschlossen wir, dieses Projekt gemeinsam zu pushen. Dieser Prozess erstreckte sich über mehrere Monate.

Die Arbeit mit Mark war zäh. Er brauchte viel Betreuung und es fehlte ihm an Durchhaltevermögen. Wir kamen nicht recht voran. Unser

Joint Venture hatte zudem eine ausgesprochen problematische Note: Das Magazin wäre ja mit Unterstützung des Verfassungsschutzes aufgelegt worden, sodass wir als Behörde auch für den Inhalt hätten haftbar gemacht werden können. Deshalb war es mir sehr wichtig, dass Mark nichts veröffentlichte, was ich vorher nicht gesehen hatte.

Mark arbeitete an der ersten Ausgabe. Es fehlte ihm noch das passende Vorwort. Ich übernahm diesen Part für ihn und als ich meinen Formulierungsvorschlag bei ihm ablieferte, ermahnte ich ihn eindringlich, er möge in seine Ausgabe bloß keine rechtlich relevanten Äußerungen aufnehmen. Das hätte gravierende Folgen. Weiter bestand ich darauf, die Auflage vor Ausgabe Korrektur lesen zu können.

Wieder passierte lange Zeit nichts. Ich hatte deshalb erhebliche Zweifel, ob Mark für dieses operative Unternehmen wirklich der geeignete Partner sein würde. Es erschien mir sinnvoll, die Reißleine zu ziehen und Mark klarzumachen, dass ich nun aus dem Projekt aussteigen und keine Verantwortung mehr für die Inhalte seiner Publikationen tragen würde. Und es passierte wieder erstmal: nichts. Leider hatte ich vergessen, meinen Ausstieg aus dem Projekt für die Personalakte schriftlich festzuhalten und von Mark abzeichnen zu lassen. Ein grober Fehler, der mir nicht hätte passieren dürfen.

Mark stürzt ab

Nach einiger Zeit wurde von meinem Vorgesetzten entschieden, Mark an einen VM-Führer der Außenstelle zu übergeben. Die Außenstelle wäre räumlich näher an Mark dran, so seine Argumentation und deshalb gäbe es erhebliche Einspareffekte. Mir sollte es recht sein. Ich hatte eh genug zu tun. Kurz vor der Übergabe lernte ich den VM-Führer kennen, an den Mark gehen sollte. Ich bin ihm vorher noch nicht begegnet. Im Gespräch mit ihm wurde mir klar, dass wir Mark unter dessen Führung wohl bald verlieren würden. Er ließ mich wissen, dass er nichts von der Beobachtung der Skinheadszene halte. Er könne mit solchen Leuten auch nichts anfangen. Am liebsten wäre es ihm, wenn er diesen Typen erst gar nicht übernehmen müsste. Er sei mit seiner Meinung auch nicht allein, führte mein ignoranter Kollege weiter aus. Selbst der Leiter der Außenstelle vertrete diese Einstellung. Man müsse sich halt beugen, weil die Zentrale so entschieden habe. Ich war einfach nur entsetzt. Als ich mit meinem Vorgesetzten über diesen Vorfall sprach, wurde mir klar, dass für diese Entwicklung ein schwelender Konkurrenzkampf zwischen ihm und dem Leiter der Außenstelle mit verantwortlich war. Leider kam es dann auch so, wie befürchtet. Von anderen Kollegen der Außenstelle erfuhr ich, dass Mark wochenlang nicht betreut worden war.

In dieser Zeit passierte etwas, das für die Behörde äußerst unangenehm hätte werden können und für das mir die Schuld in die Schuhe geschoben werden sollte. Was es genau war, blieb mir lange verborgen. Erst als ich für mich völlig überraschend aus dem Tagesgeschäft heraus ohne erkennbaren Anlass zum Präsidenten unserer Behörde zitiert worden bin, gingen mir die Augen auf. Mit ungutem Gefühl begab ich mich in den Gebäudekomplex, in dem der Präsident residierte. Die Vorzimmerdame führte mich in das üppig ausgestattete Büro des Behördenleiters. Als er mich sah, begrüßte er mich höflich und bot mir einen Platz an. Er setzte sich mir gegenüber, sah mir auffallend lange tief in die Augen und sagte dann: »Wenn ich Ihnen eine Straftat nachweisen kann, dann zeige ich Sie an!«

Ich wusste nicht, was er wollte. Ich schüttelte innerlich mit dem Kopf und fragte mich, was seine Durchlaucht nur so in Erregung versetzt haben könnte. Dann griff der Herr Präsident in seinen Aktenberg und zog ein mehrseitiges Untersuchungsprotokoll heraus, welches mit dem nicht unbedeutenden Verschlussgrad GEHEIM eingestuft gewesen ist. Beim Anblick dieses Dokumentes wurde mir sofort klar, dass etwas sehr Bedrohliches auf mich zuzukommen schien. Ich war mir aber immer noch keiner Schuld bewusst.

Mein Kopf soll rollen

Mit ernster Stimme begann mein Vorgesetzter endlich, mich über die Hintergründe zu informieren. Ich erfuhr, dass Mark ein Fanzine auf den Markt gebracht hatte, welches voller rassistischer, volksverhetzender und antisemitischer Passagen war. Die Polizei habe das Produkt bereits vom Markt genommen, führte der Präsident weiter aus, und Mark angezeigt. Die Staatsanwaltschaft wolle Anklage gegen Mark vor dem Landgericht erheben. Nachdem das Vorwort dieser Ausgabe von mir stamme, habe der Leiter der Außenstelle mit Zustimmung meines direkten Vorgesetzten - meines Chefs, also - angeregt, eine interne Untersuchung gegen mich einzuleiten. Es stehe deren Meinung nach der Verdacht im Raum, ich habe wegen meiner überzogenen beruflichen Erfolgsorientierung Mark zu seinen Straftaten angestiftet.

Nun wollte der Behördenleiter meine Meinung zu den Vorwürfen hören. In meinem Innern spielten sich grausame Szenen ab. Ich kochte vor Wut. Die übelsten Wünsche für bestimmte Personen in meinem beruflichen Umfeld gaben sich in meinem Kopf die Klinke in die Hand. Und dann war plötzlich dieses Gefühl wieder da, das ich damals schon hatte, als die Delegation des BfV angereist war und mich im Beisein meiner damaligen Vorgesetzten zu meinen Rechercheergebnissen in der Skinheadszene interviewt hatte. Es war das Gefühl tiefer Enttäuschung, aus dem blanke Verachtung wurde. Nichts als Verachtung für die Profiteure eines Systems, in dem diese gerne die Früchte unserer Arbeit ernteten, um selbst damit glänzen zu können. Ein System, das einzugehende Risiken großherzig allein bei uns Werbern lässt und uns jegliche Solidarität verweigert, wenn wir sie dringend brauchen. Parasiten nennt man solche Profiteure in der Tierwelt. Dieses Gefühl kam und ich wurde es nicht mehr los. Es begleitete mich von nun an mein weiteres Berufsleben hindurch.

Mit aller Kraft versuchte ich ruhig zu bleiben. Ich begann ganz von vorne und erzählte, welche operativen Ziele ich ursprünglich mit Mark verfolgt hatte und wie es dazu gekommen war, dass ich ein Vorwort für dessen erste Fanzine-Ausgabe beigesteuert hatte. Ich wies darauf hin, dass mein Textvorschlag keine strafrechtlich relevanten Inhalte aufwies und ich dies auch nachweisen könnte. Ich erzählte weiter, wie ich erkannt habe, dass Mark wohl nicht der geeignete Typ für so ein Projekt sei und wie ich dieses dann in Absprache mit Mark gestoppt hatte. Leider hätte ich es versäumt, darüber ein Protokoll zu fertigen und es von Mark abzeichnen zu lassen. Ich müsse nun akzeptieren, dass mir dieser Fehler jetzt auf die Füße falle. Ich ließ nicht unerwähnt, welche Äußerungen der Kollege der Außenstelle mir gegenüber gemacht hatte, als ich mit ihm die Übergabe von Mark vorbereitet hatte und dass mir zu Ohren gekommen sei, dass Mark nach der Übergabe wochenlang nicht betreut worden sei. Sollte dies tatsächlich so gewesen sein, sei es für mich angesichts der Persönlichkeitsstruktur von Mark nicht verwunderlich, dass es zu dieser Entwicklung gekommen war. Meiner Einschätzung nach seien schwere Versäumnisse in der VM-Führung mitverantwortlich für das Fehlverhalten des VM.

Mein Behördenleiter hörte mir aufmerksam zu. Als ich zum Ende gekommen war, schwieg er zunächst und dachte nach. Dann überraschte er mich mit der Äußerung, mein operativer Ansatz, über einen Herausgeber eines Fanzines in die Kommunikationsstrukturen der Szene einzudringen, sei eine wirklich gute Idee. Ich konnte es gar nicht glauben, was ich da zu hören bekam! Er grinste kurz, griff sich das Protokoll und erklärte weiter, alle meine Angaben seien von Mark bestätigt worden. Hier sei das Ergebnis einer umfassenden Befragung des VM, die Beamte der Außenstelle im Auftrag des Behördenleiters durchgeführt hätten. Mark sei ausführlich gehört worden zu seinen Erfahrungen mit mir als Werber und VM-Führer und über die Hintergründe der Veröffentlichung seines Magazins. Es sei nichts Belastendes für mich dabei herausgekommen. Mark habe zugegeben, meinen Textvorschlag für ein Vorwort abgeändert und die strafrechtlich relevanten Inhalte seines Magazins selbst, also ohne Anstiftung durch mich, formuliert zu haben. Zum Bedauern bestimmter Leute, könne man mir also kein Fehlverhalten nachweisen.

Der Präsident zittert

Mein Vorgesetzter wurde milder im Umgang mit mir. Er schien mir zu glauben und Vertrauen in mich zu setzen. Er wandelte sich vor meinen Augen vom voreingenommenen auf Distanz zu mir bedachten Behördenleiter zum Gesprächspartner. Als er nun über seine Ängste im Zusammenhang mit dem Verfahren gegen Mark zu sprechen begann, erschien er mir sogar wie ein verunsicherter Hilfesuchender. Er fürchte, begann er mir anzuvertrauen, dass Mark während des Prozesses seine VM-Tätigkeit thematisieren und dadurch einen riesigen Eklat auslösen könnte. Schlimmer noch, er könnte den Kontakt zu uns in seinem eigenen Interesse instrumentalisieren und wahrheitswidrig behaupten, er sei von der

Behörde zu seinen Straftaten motiviert worden, wie es uns von Teilen der Medien bei jeder sich bietender Gelegenheit gerne vorgeworfen werde. Ich spürte deutlich, wie sehr sich der Herr Präsident bei diesen Gedanken sorgte. Seine Sorge galt allerdings ausschließlich ihm selbst und seiner Karriere. Am Ende fragte er mich, was ich ihm empfehlen würde.

Sollte ich mich auf diese Frage wirklich einlassen, überlegte ich einen Moment. Gerade eben war ich noch der obskure schmuddelige Werber und jetzt sei mein Rat gefragt, weil es um die Interessen meines Vorgesetzten ging? Ich wollte nicht bockig sein. Schon weil es auch um Mark ging, der sich mir gegenüber sehr kollegial verhalten und mich nicht zu seinen Gunsten in die Pfanne gehauen hatte, wie ich das sonst von meinen Vorgesetzten gewohnt war. Schließlich antwortete ich, dass ich die vorgebrachten Bedenken des Präsidenten nicht teilte. Wie ich Mark einschätze, wisse er um seine eigene Verantwortung und stehe auch dazu. Wenn er aus der Verbindung zu uns Vorteile ziehen wollte, dann hätte er die Schuld schon während der Befragung durch die Außenstelle auf mich abgewälzt. Das, was Mark dringend brauche, sei eine würdige Betreuung durch unsere Behörde. Ich schloss mit dem Appell, mein Gesprächspartner möge dafür sorgen, dass die eklatanten Führungsfehler der Außenstelle an Mark abgestellt und er durch diese kritische Phase begleitet werde. Dann werde alles gut gehen, so meine Überzeugung.

Der Behördenleiter hörte aufmerksam zu, dachte lange nach, griff plötzlich zu seinem Telefon und ließ sich mit dem Leiter der Außenstelle verbinden. Als dieser in der Leitung war, putzte er ihn trotz meiner Anwesenheit mit einem Ton der Verachtung wegen der Versäumnisse Mark gegenüber herunter und bestellte ihn zum Rapport. Am Ende des Telefonates durfte ich gehen.

Auf Distanz - mit euch nicht mehr!

Es dauerte, bis ich dieses Erlebnis verarbeitet hatte. Meinem direkten Chef und auch sonstigen Vorgesetzten traute ich von nun an nicht mehr über den Weg. Mein Privatleben klammerte ich im Umgang mit ihnen und auch im Umgang mit meinen Kollegen zukünftig kategorisch aus. Für mich gab es ab jetzt zwei Welten: eine rein dienstliche, in der mein Privatleben nichts mehr zu suchen hatte, und eine rein private, in der ich unter keinen Umständen mehr etwas Dienstliches haben wollte. Ermittlungen gegen mich auf Grund äußerst dürftiger Anschuldigungen eines Außenstellenleiters, ohne mir die Chance zu geben, mich von Beginn an zu den Vorwürfen äußern zu können, wie es jedem anderen Beschuldigten von Rechts wegen auch zugestanden hätte, das war einfach nur schäbig und zutiefst abstoßend.

Etwas Positives hatte diese Erfahrung dennoch: Ich verlor meine Naivität. Es wurde auch Zeit! Eine neue Priorität hielt Einzug in meine Arbeitsphilosophie: Bei allem, was ich zukünftig dienstlich unternehmen würde, sollte es mir zuallererst nicht mehr um den Aufklärungserfolg für die Behörde gehen, sondern nur noch einzig und allein darum, dass ich aus allen operativen Maßnahmen unbeschadet herauskommen würde. Ich wollte mich nie wieder so angreifbar machen.

Die Geschichte mit Mark ging übrigens tatsächlich so aus, wie ich es vermutet hatte: Er stand zu seiner eigenen Verantwortung. Der Herr Präsident hatte sich also umsonst gesorgt - meine Anteilnahme hielt sich in Grenzen ...

Sonia - mein Arbeitsalltag wird weiblicher

Sonia war gerade mal 18 Jahre alt, als wir uns kennenlernten. Sie lebte in einer Kreisstadt unseres Bundeslandes mit etwa 50.000 Einwohnern. Sonia gehörte der örtlichen Skinheadszene an. Sie war ein echtes Skin Girl. In der Szene nennt man sie Renees. Sonia war eher klein von Statur, sehr schlank mit ausgeprägter Oberweite. Neben den obligatorischen Klamotten trug sie die für Skin Girls typische Frisur, einen sogenannten Feathercut. Besondere Kennzeichen dieser Frisur sind die langen Strähnen vor den Ohren, die bis auf die Schultern fallen, ein Pony, der nur die halbe Stirn bedeckt und gerade geschnitten ist und ein ausrasierter Schädel zwischen Pony und den besagten langen Strähnen. Der rasierte Schädel war bei Sonia mit einem großflächigen markanten roten Tattoo verziert. Überall wo Sonia auftauchte, zog sie sofort die Blicke auf sich. Sonia hatte auch gute Kontakte zu einer Neonazigruppe, die in der zweitgrößten Stadt des angrenzenden Bundeslandes sesshaft war. Diese Gruppe wurde von einem Neonazi geführt, der Ende der 1980er-Jahre bundesweit von Bedeutung gewesen war. Sonia fuhr regelmäßig dort hin, um an den Kameradschaftsabenden teilzunehmen. Von ihren Zugangsmöglichkeiten her war Sonia höchst interessant für uns.

Ich lernte Sonia über den Leiter des polizeilichen Staatsschutzes ihrer Heimatstadt kennen. Der Polizeikollege hatte dienstlich mit ihr zu tun. Sonia erschien ihm überraschend kooperativ für jemanden aus der Naziszene und so vermittelte er einen Kontakt mit ihr. Als ich Sonia zum ersten Mal sah, war ich geflasht: Das Outfit, die Frisur und ihr Geschlecht, ich musste mich kräftig umstellen. Ich hatte zum ersten Mal in meiner Karriere mit einer V-Frau zu tun und war nicht darauf vorbereitet. Es brauchte ein völlig anderes Konzept für den

Umgang miteinander. Ganz im Sinne meiner neuen Arbeitsphilosophie (siehe Mark) war ich sehr darauf bedacht, in der Betreuung von Sonia bloß keine Fehler zu machen. Ich achtete auf ausreichend körperliche Distanz zu ihr und bemühte mich, stets freundlich und zuvorkommend zu sein. Ich wollte mir unter keinen Umständen den Vorwurf einfangen, ich sei ihr zu nahegetreten oder übergriffig geworden. Im Zweifelsfalle wäre ich chancenlos gewesen, das wusste ich. Vielleicht war ich auch etwas zu vorsichtig. Ich musste wohl unnahbar auf sie gewirkt haben. Heute würde man solche Konstellationen gar nicht mehr eingehen. Frauen werden heute von Frauen geführt oder von einem gemischt geschlechtlichen Pärchen.

Schon bald wurde mir von bissigen Kollegen ein »Verhältnis« mit Sonia nachgesagt. Tatsächlich gab es einen solchen Fall in einem Nachbarreferat. Ein VM-Führer aus dem Phänomenbereich Linksextremismus verknallte sich in seine V-Frau mit üblen Konsequenzen. Es gab für mich also viele gute Gründe, ständig auf der Hut zu sein.

Griechisch essen mit einem Skin Girl

Mein erster Treff mit Sonia wäre fast eskaliert. Ich ging mit ihr in ein griechisches Restaurant, ohne zu fragen, ob sie damit einverstanden sei. Als wir dort saßen und das Essen serviert wurde, motzte Sonia den Kellner unfreundlich an und spuckte den ersten Bissen ihres Souvlaki-Spießes mit abfälligen Bemerkungen unter den Tisch. Sie warf das Besteck auf den Teller, schimpfte über die »scheiß Kanacken« hier und wollte weg. Wie konnte ich auch nur so dumm sein und mit einer »Nazi-Braut« zum »Ausländer« gehen? Ich schämte mich für das Verhalten meine Begleiterin, lief rot an, zahlte und verschwand mit ihr, so schnell es ging.

Ich lernte rasch und so wurde der Umgang mit ihr zunehmend leichter. Schon nach wenigen Wochen merkte ich, dass ich eine tief verletzte junge Frau vor mir sitzen hatte. Wie ich in Gesprächen mit ihr erfuhr, war Sonia ein uneheliches Kind. Den Vater kannte sie nicht. Die Mutter wollte nichts mit ihr zu tun haben. Sie lebte bei ihrer Oma. In der Subkultur und bei den Nazis fand sie anscheinend, was sie suchte: Heimat und Akzeptanz. Ein Muster, wie ich es oft in der Nazi- und Skinheadszene fand. Eigentlich hätte sie einen Therapeuten gebraucht, keinen VM-Führer.

Ihr Job für den Nachrichtendienst gefiel ihr gut. Sie arbeitete sehr effektiv. Ihre Informationen waren hochwertig und wichtig. Sie war von Bedeutung für uns. Sonia spürte es und diese Erfahrung tat ihr gut. Sonia war aber auch unberechenbar. Wenn sie mit ihrer Clique unterwegs war, kam es schon mal zu Diebstählen, Körperverletzungen, Sachbeschädigungen und Beleidigungen, meist unter Alkoholeinfluss. Ich wusste, dass wegen ihr auf mich jederzeit großer Ärger zukommen konnte. Diesmal allerdings hielt ich alle meine Beobachtungen und Einschätzungen in der Personalakte fest.

Ein Skin fährt 1. Klasse

Wegen des Outfits von Sonia war es oft schwierig, geeignete und sichere Treffórtlichkeiten zu finden. Eine Zeit lang verlagerten wir deshalb unsere Treffs in die Landeshauptstadt des angrenzenden Bundeslandes. Sonia hatte es von ihrem Wohnort nicht weit dorthin und ich konnte bequem mit der Bahn anreisen. Da ich in meinen Skin-Klamotten anreisen musste, orderte ich bei unserer Verwaltung ein Ticket für die 2. Klasse. Dort würde ich am wenigsten Aufsehen erregen, war meine Überlegung. Die Kollegen von der Verwaltung zeigten sich wegen meines Antrags irritiert. Mit dem Argument, mir stünde auf Grund meiner Besoldungsgruppe eine Fahrkarte der 1. Klasse zu und man würde von diesem Prinzip auf keinen Fall abweichen, lehnten sie meine Order ab und händigten mir für meine Reise ein Ticket der 1. Klasse aus. Okay, dachte ich mir, weitere Diskussionen mit denen wären reine Zeitverschwendung, dann fahre ich mit dem Eurocity-Express 1. Klasse. Wird bestimmt lustig unter all den gestylten Geschäftsleuten.

Mir war schon etwas mulmig, als ich im Waggon für die First Class einen geeigneten Platz suchte. Ach, hier in dem Abteil, dachte ich, könnte es gut passen. Da sitzt nur ein Businessman, den Platz nehme ich. Als ich die Schiebetür zurückzog und höflich fragte, ob hier noch ein Plätzchen für mich frei sei, schaute der Passagier von seinem Handelsblatt, das er gerade las, hoch und wollte nicht glauben, was er da zu sehen bekam. Ich musste mit meinem Outfit sehr bedrohlich auf ihn gewirkt haben, denn er murmelte nur, wenn ich meinte, hier unbedingt Platz nehmen zu müssen, dann hätte er nichts dagegen. Ich setzte mich ans Fenster, packte meine mitgebrachten Würstchen und die Brötchen aus und ließ es mir schmecken. Von links gegenüber trafen mich immer wieder strenge Blicke, die sich über den oberen Rand der großen Seiten des Handelsblattes ihren Weg zu mir suchten. Dann kam der Schaffner, riss die Tür auf und fixierte mich, wie die Schlange das Kaninchen. »Den Fahrschein, bitte!«, blaffte er mich an. Ich legte das Würstchen aus der Hand, kramte in den Seitentaschen meiner Bomberjacke nach dem Ticket und reichte es hinüber. Er glotzte gefühlt eine halbe Stunde auf den Fahrschein. Aber dort war immer nur »Fahrschein für die 1. Klasse« zu lesen, egal, wie lange er das Papier in der Hand hielt. Genervt entwertete er endlich das Ticket, gab es mir zurück und grummelte: »In Ordnung!« Mein Mitreisender schüttelte entsetzt den Kopf und verkrümelte sich in seine Ecke.

Während der Rückfahrt spätabends saß ich mit einem Journalisten im Abteil. Ich las abwechselnd in der Zeit und im Spiegel. Er bevorzugte die Welt, musterte mich aber rauf und runter. Dann legte er sein Blatt zur Seite und sprach mich an. Er wollte wissen, wer ich sei und was ich denn so machen würde. Ich spürte, wie sehr ihn dieser Widerspruch, den er da vor Augen hatte, umtrieb: Ein Skinhead im Abteil der 1. Klasse, der renommierte Wochenzeitungen liest. Wie konnte es so etwas geben? Natürlich wollte ich seine Fragen nach meiner Person nicht beantworten, aber ich fing an, mit ihm aktuelle wirtschaftliche und politische Themen zu diskutieren. Dabei erfuhr ich, dass er freischaffender Journalist sei, der u. a. für die Tageszeitung Welt schrieb. Wir hatten einen sehr anregenden und interessanten Austausch. Und ich konnte locker mithalten mit seinen Argumenten. Die Begegnung mit mir schien ihm auch persönlich nahe zu gehen. Denn bevor er ausstieg, ermahnte er mich fast freundschaftlich, ich solle doch noch etwas aus mir machen. In mir stecke doch so viel Potenzial. Ich lächelte ihn an und versicherte ihm, dass ich über seine Worte ganz gewiss nachdenken werde. Ich hatte richtig Spaß in der 1. Klasse! Danke, liebe Verwaltung, sagte ich mir und grinste zufrieden über diesen Tag und die amüsanten Begegnungen im Abteil still in mich hinein.

Zeitenwende: Die »Mauer« fällt!

Dann kam das Jahr 1989. Die Mauer fiel und damit glitt nicht nur Deutschland in eine neue Epoche, sondern auch die Nazi- und Skinheadszene in der alten Bundesrepublik Deutschland (BRD). Ab den 1990er-Jahren reisten westdeutsche Nazi- und Skingruppen regelmäßig nach Ostdeutschland und radikalisierten sich drüben, wie es damals noch hieß. Trotz »antifaschistischen Schutzwall« musste es in der Deutschen Demokratischen Republik (DDR) eine florierende und gut vernetzte Naziszene gegeben haben. Denn genau dorthin fuhren unsere »Wessi-Nazis« und nutzten zusammen mit ihren »Ossi-Kameraden« den rechtsfreien Raum in der Übergangsphase bis zur Wiedervereinigung für schwere Straftaten. Sonia war auch fleißig mit dabei. Ihre Erzählungen über die neonazistischen Aktivitäten in den späteren neuen Bundesländern erschreckten mich.

In dieser Zeit begann eine Reihe rechtsextremistischer Brandanschläge auf Ausländer- und Asylunterkünfte in der alten BRD mit vielen Toten und Verletzten wie in Mölln oder Solingen und die Übergriffe in Hoyerswerda oder Rostock-Lichtenhagen. Meine große Sorge war, dass auch Sonia und ihre Clique sich an solchen Anschlägen beteiligen könnten. Ich glaube, in allen Verfassungsschutzbehörden der BRD ging damals die Angst um, einer ihrer V-Leute könnte in solche Straftaten hineingezogen werden. Mir blieb nur, Sonia einzuschärfen, alles zu vermeiden, was sie in eine solche Lage bringen könnte. Es wäre verheerend, unterstrich ich mit ernster Stimme und vergaß diesmal nicht, meine Belehrung, wie solche Anweisungen an V-Leute intern genannt werden, zu verschriften. Solche bürokratischen Verfahren sind oft hilf- und wirkungslose Versuche, sich im Umgang mit einer unkalkulierbaren Klientel abzusichern.

Es kam, was ich befürchtet hatte: Eines Tages erzählte Sonia von einer Aktion am letzten Wochenende. Sie sei mit ihrer Clique stark alkoholisiert mitten in der Nacht zu einem Aussiedlerheim in ihrer Heimatstadt gezogen. Einer aus der Gruppe habe eine Brandflasche gegen die Fassade geworfen. Das Feuer sei aber bald wieder erloschen, weil der Brandsatz fehlerhaft gewesen sei. Sonia erzählte diese Geschichte mit Stolz in ihrer Stimme. Sie fand diese Aktion gut, weil man in ihrer Gruppe endlich einmal was gegen Ausländer getan habe. Als ich das hörte, war ich maßlos enttäuscht von ihr. Die Hoffnung, man könne aus diesen Szenen Leute anwerben und sie mit aufwendigen Betreuungsmaßnahmen unter Kontrolle bekommen, habe ich von da an ein für alle Mal beerdigt. Kein Zweifel, wir mussten uns von Sonia trennen. Dies geschah wohldosiert in Etappen. Ich übergab Sonia an einen älteren Kollegen, der diesen Prozess übernahm.

Wie sich später zeigte, handelte es sich bei dem attackierten vermeintlichen Aussiedlerheim um ein renovierungsbedürftiges unbewohntes Anwesen. Die durch den Brandsatz verursachten Beschädigungen fielen nicht weiter auf, sodass auch keine polizeilichen Ermittlungen eingeleitet wurden. Niemand hätte durch diesen Angriff zu Schaden kommen können. Aber das war kein Trost für mich.

Resümee

Mitte der 1990er-Jahre wechselte ich den Fachbereich. Nach über zehn Jahren operativer Arbeit mit Rechtsextremisten brauchte ich dringend etwas anderes. In meiner Behörde wurde auf Anregung der Politik hin eine Arbeitsgruppe gegründet, die sich mit der nachrichtendienstlichen Beobachtung der Organisierten Kriminalität beschäftigen sollte. Ich wurde angefragt, ob ich wechseln wolle. Sie suchten einen in operativen Belangen erfahrenen Mitarbeiter. Das Angebot kam mir gerade recht. Ohne groß zu überlegen, nahm ich an. Zwar hatte ich meine Fühler auch nochmal in Richtung Polizei ausgestreckt, doch es gab dort für mich keine interessanten Jobs. Ich war aus der Polizeipraxis zu lange draußen und zudem war ich bereits in eine Besoldungsgruppe vorgerückt, mit der mich die Polizei nicht mehr haben wollte. Damit war klar, ich würde mein restliches Berufsleben im Nachrichtendienst zubringen.

Vor meinem Wechsel in die neue Abteilung ließ ich die vergangenen Jahre noch einmal Revue passieren. In den vielen Jahren Arbeit in dieser Szene habe ich zahllose Ansprachen vorgenommen und dutzende von V-Leuten angeworben. Viele von ihnen waren vertrauenswürdig und arbeiteten zuverlässig. Weitestgehend problemlos war deren Einsatz in extremistischen Parteien. In solchen Organisationen geht es in der Regel recht behäbig zu, fast schon wie in einer Behörde. Alles hat seinen geregelten Ablauf, die Zielgruppe ist überwiegend bürgerlich und an Straftaten besteht mit wenigen Ausnahmen kein Interesse. Werbung und VM-Führung lassen sich in diesem Umfeld im vorgegebenen rechtlichen Rahmen gut bewältigen.

Ein hohes Gewaltpotenzial bei Neonazis und Skinheads

Anders sieht die Lage in Neonazi- und Skinheadgruppierungen aus. Gerade im Neonazimilieu waren immer illegale Schusswaffen unterwegs und nach dem Jugoslawienkrieg (ab 1991) sogar Handgranaten und Kriegswaffen. Viele deutsche Neonazis hatten sich dort an den Kämpfen als Söldner beteiligt und die Waffen mit nach Deutschland gebracht. Neonazis waren also stets brandgefährlich. Es gab in ihren Reihen viele Einzeltäter, die ihre Verbrechen oft aus spontanen Anlässen heraus verübten und deshalb für uns so schwer greifbar waren (siehe Geschichte von Torsten). Enge Zirkel, in denen Verbrechen geplant wurden, waren für unsere V-Leute nicht zugänglich. Die Initiatoren waren sehr misstrauisch und verlangten von Interessenten Vertrauensbeweise, die in Form schwerer Straftaten zu erbringen waren. Für eine Verfassungsschutzbehörde nicht machbar. Das wusste man in der Szene und erhöhte deshalb bewusst die Einstiegshürden. V-Mann und VM-Führer machten sich ja schon strafbar, wenn sie nur in den Dunstkreis von Gruppierungen vordrangen, die später von der Justiz zu terroristischen oder kriminellen Vereinigungen erklärt wurden.

Das Problem der VM-Enttarnung

Kein Beamter, der alle Sinne beieinanderhatte, war an Einsätzen in solchen Gruppierungen interessiert. Ich habe auch keinen VM kennengelernt, der in ein Strafverfahren hineingezogen werden wollte. Diese Menschen wurden mit dem klaren Versprechen angeworben, ihre Identität stets geheim zu halten. Dieses Versprechen war eine wesentliche Voraussetzung für die Zustimmung der allermeisten Zielpersonen zu einer VM-Tätigkeit. Leider konnte der Staat dieses Versprechen zu oft nicht einhalten, weil V-Leute auf Grund unglücklicher Entwicklungen, die nicht vorhergesehen oder im Ablauf beeinflusst werden konnten, plötzlich in Strafverfahren hineingerieten. Enttarnung oder gar Verurteilung waren die Folge.

Aber leider hielten auch viele V-Leute ihr Versprechen nicht ein, sich an die Vorgaben zu halten oder wahrheitsgemäß zu berichten. Neonazis als V-Leute waren immer mit Vorsicht zu genießen, was ihre Integrität anbelangte. Manche ließen sich zum Schein auf eine VM-Tätigkeit ein, teilten sich das Geld mit ihren Kameraden und führten die Behörde an der Nase herum. Man durfte als VM-Führer im Umgang mit diesen Leuten nie naiv sein. Leider war dies nicht nur in meiner Behörde zu oft der Fall. Gerade einflussreiche Nazis, die als Quellen geführt wurden, waren anfällig für doppelte Spielchen. Obwohl es schon erste Indizien für berechtigtes Misstrauen ihnen gegenüber gab, wurde immer wieder, selbst von hochrangigen Vorgesetzten, lange darüber hinweggesehen. Der Aufklärungsdruck auf die Behörden durch die Politik war oft so groß, dass man vermeintliche Top-Quellen möglichst lange halten wollte, obwohl ihre Abschaltung schon längst geboten gewesen wäre.

Die kriminelle Energie in der Szene

Ein weiteres Problem war die kriminelle Energie, die in vielen Szeneangehörigen steckte. Sie wird oft erst im Laufe der Zeit sichtbar, meist, wenn das Malheur schon passiert ist (siehe Sonia). So wurde z. B. einer meiner V-Leute, für den ich fast die Hand ins Feuer gelegt hätte, für mich völlig überraschend von der Polizei wegen des Verbreitens kinderpornographischer Bilder verhaftet. Ein anderer wurde festgenommen, weil er eine Tankstelle ausgeraubt hatte. Eine

Zielperson, die auf meiner Liste ganz oben stand, legte Feuer in einem von türkischen Mitbürgern bewohnten Haus. Mehrere Personen starben. Ich wählte diese Person aus, weil sie strafrechtlich noch nicht aufgefallen war und als besonders zurückhaltend und besonnen beschrieben wurde. Was für ein Glück für mich, dass ich diese Person noch nicht kontaktiert hatte. In welche Abgründe wäre ich sonst hineingezogen worden! Ich könnte noch viele weitere Beispiele nennen.

Das Risiko des VM-Führers

Die nachrichtendienstliche Arbeit mit Nazis barg also ein hohes Risiko. Wer glaubte, man könne die kriminelle Energie mancher V-Leute durch intensive Betreuung - in unseren Kreisen enge Führung genannt - unter Kontrolle bekommen, erlebte manch böse Überraschung. Am Ende meiner Arbeit in gewaltbereiten rechtsextremistischen Gruppierungen war mir völlig klar, dass die rechtlichen Rahmenbedingungen, denen wir verpflichtet waren, eine erfolgreiche Aufklärungsarbeit in diesen Szenen nicht zuließen. Jeder Versuch, tiefer einzudringen, war mit einem hohen Risiko verbunden, das VM und VM-Führer allein zu tragen hatten - ein äußerst ungünstiges Chance-Risiko-Verhältnis also für die Beteiligten. Lange Zeit hatte ich das nicht wahrhaben wollen.

Das Verhalten der Behörde

Verfassungsschutzbehörden stehen unter direktem Einfluss der Politik. Die jeweiligen Landesregierungen entscheiden, welche Prioritäten gesetzt werden. In der Regel bestimmen aktuelle politische Trends oder akute Gefährdungssituationen die Aufgabenspektren. Bis zu meinem Wechsel in den Zuständigkeitsbereich der Organisierten Kriminalität waren die Aufgabengebiete unserer Behörde schwerpunktmäßig geprägt vom Ost-West-Konflikt, dem sogenannten Kalten Krieg, und dem linksextremistischen Terror der Roten Armee Fraktion (RAF). Die Prioritäten lagen demnach in der Spionageabwehr und im Kampf gegen die RAF. Mein Aufgabengebiet, der Rechtsextremismus, war nur von nachrangiger Bedeutung. Dennoch habe ich es kein einziges Mal erlebt, dass sich Behörde oder Politik auf »dem rechten Auge blind« gezeigt hätten, wie vielfach behauptet. Im Gegenteil: In unserem Bundesland standen Polizei und Verfassungsschutz ständig unter erheblichem politischem Druck, entschlossen gegen Rechtsextremisten vorzugehen.

Das »Ende der Geschichte«?

Nach dem Fall der Mauer und dem damit einhergehenden Zusammenbruch des Sowjetreiches glaubten viele Führungseliten, dass der Ost-West-Konflikt damit automatisch beendet sei. Gerade in der deutschen Politszene wurde nun vehement eine sogenannte Friedensdividende gefordert. Gemeint ist damit eine Entlastung des Staatshaushaltes durch Senkung der Rüstungs- und Verteidigungsausgaben im Zuge von Abrüstungsvereinbarungen. Diese Friedensdividende gipfelte im Abbau wichtiger Sicherheitseinrichtungen. Die gesamte bundesdeutsche Spionageabwehr wurde auf dem Altar der politischen Illusion geopfert. Mit entsetzlichen Folgen für die Sicherheit der Bundesrepublik: Über Jahrzehnte hinweg erworbene Erfahrungen und Fähigkeiten, die für die Bearbeitung dieses komplexen Aufgabengebietes benötigt werden, wurden so unwiederbringlich vernichtet. Bis zur Wende

1989 war in unserer Behörde eine ganze Abteilung mit der Abwehr von Spionen beschäftigt. Mitte der 1990er-Jahre wurde dieser Aufgabenbereich so lange abgewickelt, bis nur noch eine Handvoll Mitarbeiter übriggeblieben ist. Die Einsicht, dass dies ein Fehler war, kam sehr, sehr spät – ich fürchte zu spät.

Verfassungsschutz und Technik

Die Vorstellungen, die ich bei meinem Eintritt in die Behörde von einem Nachrichtendienst hatte, waren schon nach wenigen Jahren von der Realität gnadenlos plattgewalzt worden. Schnell hatte sich gezeigt, dass deutsche Verfassungsschutzämter nichts anderes waren als schnöde Verwaltungsbehörden mit einer »operativen Komponente«. Diese Komponente wurde allzu oft vom großen Rest der Behörde als Fremdkörper empfunden, den sie am liebsten abgestoßen hätte.

Dem technischen Fortschritt humpelten wir immer Jahre hinterher. Die EDV-Systeme waren veraltet oder erst gar nicht vorhanden. Ende der 1980er hantierten Rechtsextremisten schon mit den ersten Computern oder kommunizierten über Btx-Onlinedienste. Wir vom Verfassungsschutz konnten nicht mithalten: Weil sich unser damaliger Präsident weigerte, aus Sicherheitsgründen PCs anzuschaffen, konnte ich beispielsweise lange Zeit keine Disketten mit wichtigen Informationen, die ich von V-Leuten überreicht bekommen hatte, auslesen. Ich musste mit den Datenträgern regelmäßig zum Landeskriminalamt (LKA). Wie peinlich! Die Polizeikollegen konnten erst gar nicht glauben, dass ein Nachrichtendienst nicht in der Lage war, eine 5,25- Zoll- Diskette auszulesen. Erst als sich die EDV-Abteilung des LKA, genervt von meinen ständigen

Belästigungen, weigerte, mir weiter Amtshilfe zu leisten, wurde zähneknirschend ein PC angeschafft. Innovation kam nie von oben, immer nur von unten. Für notwendige Veränderungen musste oft lange gekämpft werden. So war es und so blieb es.

Kapitel 3 – Organisierte Kriminalität
Agenten, Mafiosi oder doch nur Schwindler?

Mitte der 1990er-Jahre war der Kampf gegen die Organisierte Kriminalität (OK) eines der großen sicherheitspolitischen Themen in Deutschland. Einige Landesregierungen überlegten damals, ob die Verfassungsschutzbehörden mit in die Bekämpfung der OK einbezogen werden sollten. Denn mit dem Zerfall des Sowjetreichs ging der Zusammenbruch der meisten osteuropäischen Nachrichtendienste einher, die bisher die kommunistischen Systeme gestützt hatten. Viele ihrer Mitarbeiter verloren ihre Arbeitsplätze und suchten sich neue Einnahmequellen in den Reihen krimineller Strukturen, die im Zuge der politischen Umwälzungen in den ehemaligen Staaten des Warschauer Paktes entstanden sind oder bereits in Zeiten der kommunistischen Regime existierten. Die Spionageabteilungen der Verfassungsschutzbehörden sammelten in den ersten Jahren der 1990er-Jahre wertvolle Informationen über kriminelle Aktivitäten ehemaliger osteuropäischer Nachrichtendienstler in der Bundesrepublik und in Westeuropa.

Diese Erkenntnisse standen in der Gefahr, verloren zu gehen, weil die Verfassungsschutzbehörden zu dieser Zeit noch über keine rechtliche Zuständigkeit für diesen Phänomenbereich verfügten. Die Verwertung der erlangten Informationen war ihnen damit nicht möglich. Deshalb machte es Sinn, die Verfassungsschutzbehörden in die Beobachtung der OK mit einzubeziehen. Aber nur wenige Landesregierungen, unter ihnen auch die unsrige, entschieden sich dafür. Deshalb musste bei uns eine Organisationseinheit geschaffen werden, die diesen neuen Aufgabenbereich zu übernehmen hatte. Und ich sollte ihr angehören.

Mieses Arbeitsklima

Unser erstes Team bestand aus etwa einem Dutzend Mitarbeiter. Sie waren allesamt erfahrene Auswerter und Operativkräfte aus den unterschiedlichsten Arbeitsbereichen der Behörde. Eines hatten wir gemeinsam: Wir waren hochmotiviert und wir hatten überhaupt keine Ahnung von OK. Im Laufe der Zeit kamen neue Mitarbeiter dazu, andere verließen uns wieder. Die Organisationsstruktur veränderte sich mehrfach. Bereits einige Monate nach dem Start gab es einen Wechsel in der Führung der Gruppe. Ein höherer Beamter übernahm, der fachlich zwar durchaus kompetent gewesen war, aber leider einen ausgesprochen destruktiven Führungsstil praktizierte. Ein großes Unglück für viele von uns und ein schwerer Nachteil für Kreativität und Arbeitsklima.

Die Behördenleitung war mit der neuen Aufgabe überfordert. Sie blieb lange Zeit völlig konzeptlos und setzte ausschließlich auf die Durchsetzungskraft des neuen Leiters. Vonseiten der Politik kam ebenfalls nichts Konstruktives, nur das, was immer kommt: Druck und die Forderung nach schnellen Erfolgen. Wie in behördlichen Strukturen üblich, wurde der Druck von oben nach unten durchgereicht. In täglichen stundenlangen Dienstbesprechungen drängte uns der neue Vorgesetzte, endlich Ideen zu entwickeln, die den angeordneten schnellen Erfolg bringen würden. Sein Führungsstil basierte ausschließlich auf Repression und wenn es ihm hilfreich erschien, auf Verhöhnung. Bereits bei einer seiner ersten Sitzungen mit uns schaute er süffisant in die Runde und meinte in abwertendem

Ton: »Und mit euch soll ich also jetzt die Organisierte Kriminalität beobachten?« Dem Satz folgte ein höhnisches Gelächter. Wir waren entsetzt: Es herrschten Zustände wie in einer Drückerkolonne. Unser Präsident wusste um diese Vorfälle, griff aber nicht ein. Er setzte seine Hoffnungen ganz auf die Methoden einer toxischen Persönlichkeit, die von ihm selbst in den Sattel gehoben worden war. Ganz offensichtlich waren die beiden Brüder im Geiste.

Absolutes Neuland

Da wir nicht zaubern konnten, wandten wir uns zunächst dem Naheliegenden zu. Wir konzentrierten uns auf die Analyse der Informationen, die von der Spionageabwehr über kriminelle Strukturen ehemaliger Agenten des Warschauer Paktes gesammelt worden waren. Darunter fanden sich interessante Ansätze, die allerdings erst mühsam aufbereitet werden mussten. Es gab eine Menge an Hinweisen auf angebliche kriminelle Geschäfte und auf einzelne Personen, deren mögliche Einbindung in kriminelle Organisationen nicht zuverlässig geklärt war. Es brauchte dringend tiefere Einblicke in diese Milieus und dazu mussten wir mit Angehörigen dieser Kreise ins Gespräch kommen. Wir hatten keine Ahnung, wie man dabei am geschicktesten vorgehen sollte. So hieß es wieder einmal: Learning by doing! Aber mit jeder Kontaktaufnahme sollten wir rasch dazu lernen, wie sich bald zeigte. Ich kam dabei mit einer Reihe von interessanten Leuten in Berührung: z. B. mit einem desertierten Major der Roten Armee, der mit seiner Familie in Deutschland Asyl erhalten hatte. Er versuchte sich im Autohandel mit osteuropäischen Geschäftspartnern – allesamt zwielichtige Figuren, teils aus ehemaligen geheimdienstlichen Verbindungen. Für meinen Gesprächspartner blieb der erhoffte geschäftliche Erfolg aus. Und für mich fielen nur magere Hinweise auf kriminelle Strukturen an, die sich mit unseren bescheidenen rechtlichen Möglichkeiten kaum nachverfolgen ließen.

Ein anderer Gesprächspartner stammte aus einer sowjetischen Teilrepublik. Er hatte ebenfalls in Deutschland Asyl beantragt. Nach dem Zerfall der Sowjetunion musste er wegen der politischen Machtkämpfe dort aus seiner Heimat fliehen. Er hatte als Kernphysiker in einem Atomkraftwerk dieses Landes gearbeitet. Die Hintergründe seiner Flucht mochte er mir nicht anvertrauen. Andeutungen nach schien er ins Visier mächtiger krimineller Gruppierungen seines Landes geraten zu sein. Er sprach oft davon, dass die Atomkraftwerke der ehemaligen Teilrepubliken nicht sicher seien und spaltbares Material aus diesen Anlagen jederzeit in kriminelle Hände geraten könne. Meine Vorgesetzten zeigten für Hinweise solcher Art kein Interesse. Sie klangen schlicht zu unglaubwürdig. Der Bundesnachrichtendienst (BND) bewies aber dann mit seiner umstrittenen »Plutonium-Aktion« Mitte der 1990er, dass aus der ehemaligen Sowjetunion sehr wohl radioaktives Material besorgt werden konnte.

Eine weitere Kontaktperson hatte zu Sowjetzeiten bei der Polizei in der Ukraine gearbeitet. Nach der Wende setzte sie sich nach Deutschland ab und versuchte sich hier in dubiosen Geschäften mit osteuropäischen Kriminellen. Sie lieferte erste hilfreiche Einblicke in deren Strukturen und in deren Verbindungen zu russischen Nachrichtendiensten. Für mich blieb diese Kontaktperson dennoch undurchsichtig. Ich vertraute ihr nicht. Später zeigte sich, dass sie doch enger mit kriminellen Gruppierungen verwoben war als von ihr vorgegeben. Ihr Motiv für eine Zusammenarbeit mit unserer Behörde lag einzig und allein in dem persönlichen Profit, den sie aus dem Kontakt zu uns ziehen konnte.

Unsere ersten Schritte in diesen Milieus brachten natürlich nicht die erhofften Durchbrüche. Sie führten uns lediglich in den Deodorant-Dunstkreis verbrecherischer Organisationen, die uns haushoch überlegen waren. Dennoch war diese Arbeit nicht vergebens: Wir konnten so wertvolles Wissen sammeln über Motive und Verhaltensweisen von Insidern. Und dieses Wissen lieferte uns die Basis für die Erarbeitung erfolgreicherer Werbekonzepte.

Neue Spieler, neues Glück?

Unserem Leiter waren die Ergebnisse unserer ersten operativen Maßnahmen viel zu dürftig. Er sah sich gezwungen, Veränderungen an der personellen Zusammensetzung unserer Gruppe vorzunehmen. Kollegen, die er für unfähig hielt, mussten gehen. Statt ihrer sollten ein paar Superstars eingekauft werden. Er hatte zwei Polizisten im Blick, die im Polizeipräsidium unserer Landeshauptstadt als verdeckte Ermittler eingesetzt gewesen waren und mit ihrer aktuellen Situation dort nicht mehr zufrieden waren. Diese beiden wollte er unbedingt haben. Von ihnen erwartete er sich die ersehnten Erfolge. Als die Kollegen ihren Wechsel von der Polizei zu unserer Behörde endlich vollzogen hatten und ihren Dienst bei uns begannen, änderten sich Umgangsformen und Arbeitskultur in unserer Gruppe radikal: Die Herren brachten ihre eigene Sprache, für uns bis dahin ungewohnte Arbeitskonzepte und ein eher gewöhnungsbedürftiges Outfit mit. All das entsprang dem jahrelangen Umgang mit Zuhältern, Prostituierten und kriminellen Banden auf der Basis polizeilicher Ermittlungsarbeit. Ich fragte mich, ob es jemals gelingen würde, solche speziellen Persönlichkeiten in nachrichtendienstliche Arbeitsmodelle einzugliedern. Nun, die Frage erübrigte sich ... Die beiden waren für Monate erstmal die Kings. Von der Führung wurden sie hofiert und protegiert und von vielen Kollegen bewundert. Ihr Slang wurde gerne nachgeplappert und ihr Outfit erwies sich als äußerst inspirierend für die treuesten Fans. Ihre Followers waren schon am Schuhwerk leicht auszumachen.: Wie die großen Vorbilder trug man in diesen Kreisen selbstbewusst und stolz Cowboystiefel. Jaja, der Cowboystiefel machte damals den Unterschied ...

Dank des Engagements unserer neuen Kollegen und der Hinweise eines ihrer ehemaligen Informanten gelang es in den folgenden zwei Jahren immerhin, eine südosteuropäische Bande von Autoschiebern und Hehlern auffliegen zu lassen sowie Festnahmen auf der unteren Ebene einer Gruppe von Geldfälschern zu ermöglichen. Gute Arbeit! Doch wie von mir befürchtet, kamen beide auf Dauer mit den begrenzten Möglichkeiten und dem Selbstverständnis eines Nachrichtendienstes nicht zurecht. Einer geriet mit seinem polizeilich geprägten Arbeitsstil ständig in Konflikt mit der Mentalität unserer Behörde. Nach wenigen Jahren warf er hin und kehrte zur Polizei zurück. Der andere wechselte mangels Alternativen zur Observationsgruppe unseres Hauses, nachdem ihn Fortuna in seinem bisherigen Arbeitsgebiet verlassen hatte. Die Aufgabenstellungen und die rechtlichen Rahmenbedingungen für Polizei und Nachrichtendienste sind eben doch sehr unterschiedlich. So ist es vom Gesetzgeber auch gewollt.

In diesen innerdienstlich turbulenten Zeiten versuchte ich lange vergebens, meinen eigenen Stil zu finden. Aufgrund meiner bisherigen Erfahrung war für mich klar, dass polizeiliche Methoden im Nachrichtendienst auf Dauer nicht erfolgreich sein können. Vielmehr mussten wir als Nachrichtendienst eigene Strategien für den Umgang mit dem neuen Aufgabengebiet entwickeln. Die damalige Führung war allerdings anderer Meinung. Und so arbeitete ich unspektakulär und dem Kreis der ungeliebten Opponenten zugezählt, vor mich hin.

Dennoch begegneten mir in den wenigen Jahren meiner Tätigkeit in diesem Phänomenbereich eine Reihe interessanter Persönlichkeiten und Fallkonstellationen. Von zwei operativen Maßnahmen, in die ich hineingeriet, möchte ich im Folgenden nun detaillierter berichten.

Red Mercury, Bankgarantie-Geschäfte und zu allem Übel auch noch die 'Ndrangheta

Eines Tages bekam ich von dem Referat unseres Hauses, das für die Beobachtung extremistischer ausländischer Organisationen verantwortlich war, einen Informanten angeboten, von dem es hieß, dass er angeblich wertvolle Hinweise über Aktivitäten osteuropäischer krimineller Gruppen geben könnte. Er war ein in Deutschland geborener junger Mann nordafrikanischer Abstammung. Beruflich war er bei einer europäischen Fluggesellschaft an unserem Flughafen tätig. Schon beim ersten Gespräch mit ihm fielen mir einige negative Eigenschaften an ihm auf, die mir noch erhebliche Schwierigkeiten bereiten sollten. Er gab sich sehr von sich überzeugt, trat ausgesprochen arrogant auf und wollte sich nicht an Absprachen halten. Menschen mit solchen Prägungen sollten meiner Meinung nach in der VM-Führung gemieden werden. Denn ich habe die Erfahrung gemacht, dass sie nur Unheil bringen. Aber was blieb mir schon übrig? Ich stand unter erheblichem Erfolgsdruck und konnte es mir nicht leisten, ihn abzulehnen. Also hörte ich mir erst mal an, was er anzubieten hatte. Er erzählte, er habe über einen Arbeitskollegen Kontakte zu osteuropäischen »Mafia-Leuten« bekommen. Die seien dick drin im lukrativen Geschäft mit Bankgarantien und dem mysteriösen Stoff Red Mercury. Wenn ich gut bezahlen würde, dann könnte er die Gruppe für mich aufrollen, so lautete sein Angebot.

Als ich Bankgarantien und Red Mercury hörte, war sofort klar, dass es sich bei diesen Leuten nicht um ernst zu nehmende Mafiastrukturen handeln konnte, sondern eher um windige Betrüger. Damals machten osteuropäische Kriminelle aus den unteren Schichten gerne betrügerische Geschäfte mit sogenannten Triple-A-Garantien, die angeblich von bedeutenden angelsächsischen Banken ausgestellt worden waren und mit denen sich hohe Gewinne erwirtschaften ließen. Andere Kriminelle aus diesen Kreisen versuchten, mit dem Verkauf des von Legenden umrankten Stoffes Red Mercury Geld zu ergaunern. Der Begriff steht für Rotes Quecksilber, mit dem angeblich fantastische technische Wirkungen erzielt werden könnten. Die Gefahr war groß, dass dabei in betrügerischer Absicht wertloses, aber radioaktiv verseuchtes Material aus Atomkraftwerken ehemaliger Sowjetrepubliken weitergereicht wurde. Schon allein deshalb hatte ich nicht das geringste Interesse an Angeboten dieser Art.

Am liebsten hätte ich die Verbindung zu diesem Informanten gleich nach dem ersten Treffen abgebrochen. Aber meine Vorgesetzten ließen mir das nicht durchgehen. So versuchte ich ihn von den Vorteilen einer gut durchdachten, langsamen Vorgehensweise zu überzeugen und bat ihn, ja nichts zu überstürzen. Ich machte deutlich, wie wichtig es für einen Erfolg sei, erst einmal zu recherchieren, mit wem wir es hier eigentlich zu tun hätten. Doch unser Möchtegern-007 wollte davon nichts hören. Die kommenden Wochen nervte er mich fast täglich mit Telefonanrufen, in denen er mich zu schnellen Geschäftsabschlüssen drängte. Inzwischen konnte ich ermitteln, dass seine Verbindungsleute zum Teil slawischen Ursprungs waren, deren Spuren in eine Pizzeria führten, die in einer historisch bedeutenden Kreisstadt unseres Bundeslandes angesiedelt war.

Wenigstens ein kleiner Fortschritt. Doch dann kam, was ich befürchtet hatte: Meine Nervensäge stieß eigenmächtig einen Deal mit der Ganoven-Bande an und setzte mir das Messer auf die Brust. Mit einem Telefonanruf wurde ich vor vollendete Tatsachen gestellt. Mein »Vertrauensmann«, der keinerlei Vertrauen verdiente, informierte mich, er würde morgen Nachmittag am Flughafen eine Lieferung Red Mercury ausgehändigt bekommen, die ich doch bitte zeitnah bei ihm abholen möge. Das Zeug werde mir ohne Gegenleistung für ein paar Tage zur Prüfung überlassen. Dann legte er auf.

Am liebsten hätte ich für die nächsten Tage einfach mein Handy ausgeschaltet. Es gab aber kein Entkommen für mich. Irgendwie musste ich die Situation händeln. Wäre ich für den Informanten in dieser Phase nicht mehr erreichbar gewesen, hätte die Gefahr bestanden, dass er sich an die Polizei gewendet hätte – was äußerst unangenehme Folgen für mich gehabt hätte. Also versuchte ich, in aller Hektik die Situation zu analysieren. Mein erster Gedanke galt der Frage, wie wertvoll diese Lieferung wohl sein würde. Ich vermutete, dass sie wertlos war, sonst würde man sie nicht ohne Gegenleistung aus der Hand geben.

Die zweite Frage war, welche Gefahr von diesem Gegenstand ausgehen könnte. Darauf fand ich keine beruhigende Antwort. Sollte es sich um radioaktiv verseuchtes Material handeln, wie manche Sicherheitsbehörden bei Angeboten dieser Art vermuteten, wäre der Skandal groß. Ich befand mich wieder einmal in einer Situation, in der ich nichts mehr richtig machen konnte. Würde ich nach Vorschrift handeln, müsste ich jetzt meine Vorgesetzten informieren und zum Schutze der Zivilbevölkerung für morgen Nachmittag einen groß angelegten Polizeieinsatz veranlassen. Nach langem Hin und Her entschied ich mich dagegen. Ich setzte lieber auf mein Bauchgefühl.

Am späten Abend des kommenden Tages traf ich den Informanten am vereinbarten Platz am Flughafen. Er merkte sofort, dass ich stinksauer war. Er reichte mir eine Plastiktüte mit den Worten: »Hier ist das Zeug!« – und schon war er wieder weg. Da stand ich also mit meiner Plastiktüte, sie hatte ordentlich Gewicht. Ich schleppte sie zu meinem Auto und wühlte mich hektisch in sie hinein. Ich fummelte einen in Zeitungspapier eingewickelten runden Plastikbehälter mit etwa 1,5 Kilogramm silberner Flüssigkeit aus der Tüte. Beim Anblick erschrak ich. Der Behälter sah so aus, wie das vagabundierende radioaktiv verseuchte Material aus sowjetischen Atomkraftwerken beschrieben wurde. Mächtig schiefgelaufen, schoss es mir durch den Kopf. Das war's dann wohl mit deiner Gesundheit und mit deiner Karriere!

Schleunigst gab ich das Material weiter zu einer wissenschaftlichen Untersuchung. Die Auswertung dauerte ein paar Tage, die Spannung war für mich kaum auszuhalten. Inzwischen hatte sich der Fall in der ganzen Behörde und bis hoch zum Ministerium rumgesprochen. Ich war so happy, als es dann endlich hieß, es handle sich bei der Flüssigkeit nur um dreckiges Quecksilber. Eine radioaktive Verseuchung liege nicht vor. Ich war froh, dass ich auf mein Bauchgefühl vertraut hatte! Was wäre das für eine Blamage gewesen, hätte ich mich wegen einer Flasche wertlosen dreckigen Quecksilbers für einen Polizeieinsatz mit begleitender Presseberichterstattung entschieden! So musste ich nur den Spott einiger Kollegen und Führungskräfte ertragen, in deren Kreisen die Erzählung umging, ich hätte mich von drittklassigen Betrügern über den Tisch ziehen lassen.

Das Erste, was ich tat, ich kickte das A... von einem VM aus meinem Berufsleben – ohne Rücksicht auf meine Vorgesetzten natürlich. Dann analysierte ich die bisherigen Ermittlungsergebnisse in diesem Fall nochmal ganz genau. Insbesondere die Spuren, die zu der Pizzeria führten. Das Lokal schien eine Art Drehscheibe für diverse kriminelle Geschäfte zu sein. Geführt wurde es von einem Italiener, der aus Kalabrien stammte. Ich entschied, dranzubleiben und weiter zu recherchieren.

Emanuel

Zunächst ließ ich das Restaurant längere Zeit observieren. Nach Auswertung der Daten stieß ich auf einen Mitarbeiter, der mir von der Aktenlage her besonders interessant erschien. Es handelte sich um einen jungen Mann aus einem osteuropäischen Land, der seit kurzem mit einer deutschen Frau verheiratet war. Nennen wir ihn Emanuel. Emanuel lebte getrennt von seiner Frau, was mich vermuten ließ, er habe sich über eine Scheinehe ein Bleiberecht in Deutschland beschafft. Emanuel war als Kellner in dem Lokal beschäftigt. Diese Position ermöglichte ihm einen guten Überblick über die Abläufe in dem Laden. Aus meiner Sicht bot er attraktive Voraussetzungen für eine VM-Tätigkeit. Ich besorgte mir eine Genehmigung für eine Anwerbung und machte mich an die Arbeit. Wie es meiner Philosophie entsprach, sollte es eine überraschende, offene Ansprache werden. Ich musste einiges an Zeit in die Observation von Emanuel investieren. Tagelang wollte sich keine gute Gelegenheit für eine Kontaktaufnahme ergeben. Ich war schon mürbe geworden, als sich endlich die Chance bot, mit Emanuel ungestört ins Gespräch zu kommen.

Es war gegen Mitternacht als Emanuel das Restaurant verließ. Er hatte Spätschicht und machte sich zu Fuß auf den Weg nach Hause. Er war ohne Begleitung und das war nun endlich meine ganz große Chance. Etwa auf der Hälfte seines Weges zu seiner Wohnung, am Stadtbrunnen, sprach ich ihn an. Es war eine angenehm warme Sommernacht. Nur noch ein paar angetrunkene Kneipenbesucher wackelten über den Marktplatz. Von den äußeren Bedingungen her bestanden ideale Voraussetzungen. Ich hielt ausreichend Distanz zu ihm, als ich mich an ihn wandte und ihn mit seinem Namen begrüßte. Emanuel wirkte leicht irritiert, hatte sich aber auffallend schnell wieder im Griff. Wir setzten uns auf die Bank am Brunnen und unterhielten uns etwa eine halbe Stunde lang.

Ich merkte sofort, ich hatte es mit einem sehr intelligenten, professionell agierenden jungen Mann zu tun, der keine Berührungsängste mit einem Nachrichtendienst hatte. Es machte mir richtig Spaß, mit ihm zu kommunizieren. Was für ein angenehmer Unterschied zu den früheren Zielpersonen aus der Naziszene, dachte ich. Ein völlig anderes Niveau. Von da an trafen wir uns regelmäßig und loteten mögliche Synergieeffekte aus, die sich zwischen uns ergeben könnten. Eines war aber von vornherein klar: Emanuel würde sich nie in das enge Korsett pressen lassen, das unsere Dienstvorschriften für einen VM vorsahen. Ob meine Behörde auf Dauer bereit war, diesen Preis zu zahlen?

Im Laufe der Zeit erfuhr ich einiges aus dem Leben meines neuen VM. Das Allermeiste aber erfuhr ich natürlich nicht. Dafür war er zu abgebrüht. Doch er brachte eine Reihe idealer Voraussetzungen mit, die für unsere Interessen von großer Bedeutung waren.

Aufgewachsen im Ostblock, hat er kurz vor dem Fall der Mauer eine nachrichtendienstliche Ausbildung durchlaufen. Vorgesehen war er für Personenschutzaufgaben bei Parteikadern seines Heimatlandes. Doch dazu ist es wegen der politischen Umstürze nicht mehr gekommen. Er erzählte, dass einer seiner Verwandten schon zu Zeiten des alten Regimes Boss einer Bande von Kriminellen in der Hauptstadt seines Landes gewesen sei. Diese Gruppen würden sich nun in Deutschland ausbreiten. Er kenne viele von denen, sei aber nie in dieses Geschäft eingestiegen, weil er ein anderes Leben führen wollte. Er wolle irgendwo in der freien westlichen Welt Geld verdienen und gut leben. Der entscheidende Schritt hierzu sei ihm bereits gelungen. Wie von mir schon vermutet, habe er mit einer Scheinhochzeit einen Aufenthaltstitel für Deutschland ergattert. Und von hier aus wolle er seinen weiteren Weg planen. Am liebsten wäre ihm eine Karriere in den USA.

Bei seinen Erzählungen zu seinem Arbeitgeber, dem kalabrischen Inhaber der Pizzeria, in der er tätig war, spitzte ich sofort die Ohren.

Emanuel vertraute mir an, dass sein Chef der 'Ndrangheta verpflichtet sei. Er wisse aber nicht, welche Position er dort habe. Vermutlich spiele er eher eine untergeordnete Rolle, die eines reinen Befehlsempfängers vielleicht. Manchmal beherberge sein Chef für mehrere Wochen Süditaliener, die aus ihrer Heimat verschwinden mussten. Es dürfte sich bei diesen Leuten um Verbrecher handeln, die zu Hause von der Polizei gesucht werden. Das laufe alles so nebenbei im Lokal. Unter den Angestellten wisse man um diese Dinge, aber keiner würde darüber sprechen. Sein Chef kenne natürlich die Herkunft von Emanuel und dessen verwandtschaftliche Beziehungen zu kriminellen Clans. Deshalb vertraue er ihm auch. Auf kriminelle Geschäfte mit seinem Chef habe er sich aber nie eingelassen. Er wolle da nicht hineingezogen werden. Die Folgen wären viel zu unberechenbar für ihn. Mit der 'Ndrangheta sei nicht zu spaßen. Sie verzeihe nie, war Emanuel überzeugt.

Ich war sehr zufrieden mit dem Ergebnis meiner Werbemaßnahme. Emanuel eröffnete mir attraktive Möglichkeiten. Er hatte Zugang zu kriminellen osteuropäischen Gruppen und zu einem Angehörigen eines der größten Verbrecherkartells dieser Welt. Nun stellte sich die Frage, wie diese Möglichkeiten tatsächlich genutzt werden könnten. Für Emanuel war klar, er werde sich auf keinen Fall in Scheingeschäfte mit Kriminellen hineinziehen lassen, wie es der Arbeitsweise der Polizei entsprach. Diese Methode würde nur zu seiner Enttarnung vor Gericht führen und ihn sein Leben lang stigmatisieren. Ich hatte großes Verständnis für diesen Standpunkt. Schließlich würde ich mich auch nicht auf einen solchen Deal einlassen.

Unsere Handlungsspielräume waren dadurch aber erheblich eingeschränkt. Mein Werbeerfolg konfrontierte mich also direkt mit der tragischen Wirklichkeit, in der sich alle deutschen Ermittlungsbehörden befinden, die mit Informanten auf legale Weise in schwerkriminelle Milieus eindringen wollen. Dieser Weg führt über ein Minenfeld voller unbekannter Gefahren, das keinen Fehler verzeihen würde. Die Kunst bestand darin, rechtzeitig umzukehren, bevor man selbst in die Luft fliegen würde. So beschränkte ich mich in der Zeit, in der ich mit Emanuel arbeitete, auf die bloße Beobachtung der Szenen, die uns zugänglich waren, wie es als Aufgabe für unsere Behörde auch in unserem Gesetz steht. Emanuel lieferte wertvolle Hinweise auf Strukturen, neue Pläne und Verbindungen der Milieus, in denen er verkehrte. Aber dadurch waren keine Festnahmen möglich. Wir hielten uns eben bildlich gesprochen nur im relativ gefahrlosen Eingangsbereich des kriminellen Hauses auf. Ins Wohnzimmer wollte ich mich nicht zerren lassen. Denn dort finden nur Verbrecher Platz. An solchen Orten hätten uns die Gesetze, denen wir verpflichtet waren, auf gar keinen Fall geduldet.

Wie schnell man trotz aller Vorsicht dennoch in Bedrängnis geraten kann, zeigte mir ein Ereignis, das so nicht geplant war: Emanuel erhielt eines Tages von seinem Chef einen gefälschten 100.000-Lire-Schein ausgehändigt, verbunden mit dem Angebot, er könne ins lukrative Falschgeldgeschäft mit einsteigen. 100.000 italienische Lire waren damals etwa 100 DM wert. Emanuel fühlte sich überrumpelt. Er wusste nicht, ob dieses Angebot ernst gemeint war oder ob es sich um eine Falle handelte. Er brachte den Schein zum Treff mit und ich ließ ihn, wie es Vorschrift war, vom Landeskriminalamt (LKA) prüfen. Die Polizeiexperten bestätigten die Fälschung und konnten sie auch einer bereits bekannten Serie zuordnen. Der Schein wurde sofort eingezogen und ein Ermittlungsverfahren eingeleitet. Eine äußerst problematische Situation für meinen VM und mich! Emanuel wollte auf keinen Fall in ein Verfahren hineingezogen werden. Und den Schein hatte er auch nicht mehr. Wie sollte er das seinem Chef und somit auch der dahinterstehenden 'Ndrangheta erklären? Zunächst sah es gar nicht gut aus für uns. Doch Emanuel fand eine Lösung: Er erklärte den Verlust mit der Unzuverlässigkeit des osteuropäischen kriminellen Milieus, dem er den Schein angeboten habe. Man nahm ihm die Story ab und es gab keine Nachfragen mehr. Auch das Ermittlungsverfahren wurde von der Staatsanwaltschaft nach einigen Monaten eingestellt, da wir in diesem Fall keine Hintermänner ermitteln konnten. Wir hatten nochmal riesiges Glück gehabt!

Nach Monaten der Zusammenarbeit übergab ich Emanuel an einen VM-Führer. Ich verlor ihn aus den Augen. Erst nach Jahren, als ich schon längst mit einem neuen Aufgabengebiet betraut war, hörte ich, dass er sich die Zeit über sehr gut entwickelt hatte. Er sei sogar mit Erfolg in einer wichtigen Drogensache an einen befreundeten westeuropäischen Nachrichtendienst ausgeliehen worden. Später jedoch habe er der Verlockung des großen Geldes nicht widerstehen können und sei wegen illegaler Drogengeschäfte zu einer mehrjährigen Haftstrafe verurteilt worden. Schade, dachte ich, wäre er doch besser in die USA ausgewandert.

Agenten, Intrigen und falsche Fährten

Der folgende Fall erscheint mir erwähnenswert, weil er zeigt, wie schwer die wahren Absichten geheimdienstlich infiltrierter krimineller Milieus oft zu durchschauen sind. Noch während ich mit Emanuel beschäftigt war, landete eine weitere Aufgabe auf meinem Schreibtisch. Es handelte sich um einen Brief aus der Slowakei, verfasst von einem gewissen Karel, der mit dem BND in Kontakt kommen wollte. Karel bot in seinem Brief Informationen zu Schleuser- und Schmugglerbanden an, die von Tschechien aus nach Deutschland hinein agieren würden. Er bat um Kontaktaufnahme unter einer Telefonnummer, die in eine größere ostslowakische Stadt führte. Zu unserer Verwunderung adressierte Karel sein Schreiben aber nicht an den BND, sondern an eine unserer Polizeidienststellen. Von dort gelangte sein Brief an uns. Und weil auf Nachfrage der BND kein Interesse an der Sache hatte, war dieser Brief für weitere Recherchen nun eben auf meinem Schreibtisch gelandet. Seltsame Geschichte, dachte ich mir, das kann doch nur wieder so ein ausgemachter Bullshit sein.

Ich wählte die angebotene Telefonnummer und tatsächlich nahm am anderen Ende ein Karel ab. Karel sprach kein Englisch, dafür aber ein sehr schlechtes Deutsch. Ich sprach kein Tschechisch und so ergab sich eine ausgesprochen mühsame Unterredung am Telefon. Ich versuchte Karel klarzumachen, dass ich wegen seines Briefes anrufe, dass ich aber nicht dem BND, sondern einer Verfassungsschutzbehörde angehören würde. Karel verstand schnell, weshalb ich anrief. Zu welcher Behörde ich gehörte, schien er nicht genau verstanden zu haben, aber das spielte für ihn wohl keine Rolle. Denn Karel begann sofort, mir sein Angebot schmackhaft zu machen. Er wiederholte, er habe Kontakt zu kriminellen Gruppen, die über Tschechien Menschen und Drogen nach Deutschland schmuggeln würden und er würde sein Wissen gerne an uns verkaufen. Warum nicht, dachte ich und fragte, wie wir uns treffen könnten. Karel meinte, er könne nicht nach Deutschland fahren. Später würde er mir erklären, warum. Aber wir könnten uns in Wien treffen. Das war für mich auch okay und so vereinbarten wir ein Treffen am Wiener Westbahnhof. Ich hinterließ Karel meinen Decknamen und eine Telefonnummer für einen Festnetzanschluss mit Anrufbeantworter, über die er mich erreichen konnte.

Sehr gespannt auf das, was auf mich zukommen würde, bereitete ich mich auf meine Reise nach Wien vor. Als es dann so weit war, kam die große Ernüchterung: Ich wartete mehrere Stunden in der Kälte, es war Winter. Doch Karel erschien nicht. Dafür fielen mir jedoch einige Gestalten osteuropäischen Aussehens auf, die mich beobachteten. Da wurde mir plötzlich klar, dass ich schon die ganze Zeit unter Aufsicht stand. Man hatte mich wohl hierhergelockt, um mich zu Gesicht zu bekommen. Ich war mir sicher, dass hinter dieser Aktion ein Nachrichtendienst steckte. Wieder zu Hause rief ich bei Karel an und fragte, wo er denn vorgestern geblieben sei. Karel entschuldigte sich. Wegen schlechten Wetters und Schneefall sei er mit seinem Fahrzeug nicht nach Wien durchgekommen. Er habe umkehren müssen. Das konnte ich zwar nicht überprüfen, aber ich glaubte ihm kein Wort. Karel schlug ein Treffen an der tschechisch-deutschen Grenze bei besserem Wetter vor. Er würde sich melden, sobald er aufbrechen könne. Zum Schein ließ ich mich darauf ein – für Karel schien also alles nach Plan zu verlaufen ...

Zwei Wochen später meldete sich Karel mit einem konkreten Terminvorschlag. Er wollte mich in einer bekannten Gastwirtschaft einer tschechisch-deutschen Grenzstadt auf tschechischer Seite treffen. Er sei dort zum angegebenen Zeitpunkt einquartiert, führte Karel aus, und ich könne ihn auch über die Telefonnummer der Gaststätte erreichen. Ich sagte zu. Natürlich hatte ich nicht die Absicht, mich nach Tschechien locken zu lassen. So ein Schritt wäre zur damaligen Zeit viel zu gefährlich für mich gewesen. Als der Tag des vereinbarten Treffens gekommen war, machte ich mich auf den Weg an die tschechische Grenze. Ich wählte die Nummer der Gaststätte, die ich von Karel erhalten hatte, und fragte nach ihm. Es dauerte nicht lange und Karel war am Apparat. Ich sagte ihm, ich sei jetzt da, allerdings auf der deutschen Seite und dass ich nicht zu ihm hinüberkommen werde. Er müsse jetzt liefern, und zwar sofort, andernfalls sei die Sache für mich erledigt. Damit hatte Karel nicht gerechnet. Plötzlich lief es nicht mehr nach Plan für ihn. Er versuchte mich bei der Stange zu halten und bot an, dass er mir Unterlagen zukommen lassen könne, die für mich interessant seien. Ich solle ihm sagen, welches Auto ich fahre und mich am Parkplatz vor der Grenzkontrolle platzieren. Er werde einen Durchreisenden bitten, mir das Kuvert zu übergeben.

Nach etwa einer Stunde wurde ich tatsächlich von einem freundlichen Tschechen, der nach Deutschland einreiste, angesprochen. Er übergab mir einen dicken Umschlag, der ihm von einem Karel für mich mitgegeben worden sei, wie er sagte, und fuhr weiter. Ich studierte die Unterlagen aufmerksam. Sie enthielten viele Details zu Fahrzeugen und Personen, die angeblich in Schleuseraktivitäten eingebunden seien, sowie Hinweise zu bevorzugten Routen für Schmuggler. Die Aktualität dieser Daten war für mich aber auf die Schnelle nicht zu überprüfen. Ich meldete Karel telefonisch, dass ich seine Lieferung erhalten hätte und dass ich ihm auf demselben Wege die versprochene Summe für die Informationen zukommen lassen werde. Ich suchte mir also einen vertrauenswürdig aussehenden Reisenden, der nach Tschechien unterwegs war und bat ihn, ob er mir helfen könne. Ich hätte hier in dem Briefumschlag einen Fahrzeugschein, erklärte ich mitleidserregend, den ein Bekannter von mir, der auf der anderen Seite warte, dringend benötigen würde. Es funktionierte und so kam Karel zu seinem Geld. Wenn auch auf sehr ungewöhnliche Weise, hatten wir unseren ersten Deal abgewickelt.

Im Büro recherchierte ich Karels Datenmaterial durch, soweit es mir möglich war. Tatsächlich befanden sich viele brauchbare Informationen darunter. Er hatte wohl doch Einblicke in kriminelle Gruppierungen. Das ausgegebene Geld schien gut angelegt zu sein. Ich hörte längere Zeit nichts mehr von ihm, bis mich die Polizei anrief. Der Kollege wollte wissen, ob mir ein Karel bekannt sei. Der sei vor zwei Tagen wegen illegalen Grenzübertrittes von Tschechien nach Deutschland festgenommen worden. Er habe sich auf mich berufen und die Polizei gebeten, mich zu verständigen. Karel befände sich in Haft, weil er in Deutschland noch eine Reststrafe von einem halben Jahr wegen früherer Delikte absitzen müsse. Bei ihm seien interessante Unterlagen gefunden worden, die ich mir ansehen könne, bot mir der Kollege von der Polizei an. Das Angebot nahm ich gerne an und besorgte mir die Unterlagen und alle Polizeierkenntnisse zu Karel.

Endlich wusste ich, mit wem ich es zu tun hatte: In Deutschland war Karel bereits mehrfach als Krimineller mit mehreren falschen Identitäten unterwegs. Er hatte Einreiseverbot. Das war also der Grund, warum er mich nicht in Deutschland treffen wollte. Aber warum, so fragte ich mich, war er trotz des hohen Risikos nun doch eingereist? Was wollte er hier und in wessen Auftrag war er unterwegs? Vielleicht würden die aufgefundenen Unterlagen meine Fragen beantworten. Ich konnte sie aber nicht lesen, da sie in einer slawischen Sprache abgefasst waren. Ich brauchte dringend einen Übersetzer. Dank der Vermittlung durch die Polizei kam ich in Kontakt mit einem staatlich vereidigten Dolmetscher für slawische Sprachen, der überwiegend für Sicherheitsbehörden arbeitete. Von ihm ließ ich mir die sichergestellten Schriften übersetzen und erklären. Es fanden sich hochinteressante Schriftstücke darunter, die belegten, dass Karel während des noch andauernden Jugoslawienkrieges auf Seiten serbischer paramilitärischer Einheiten gekämpft hatte. Weiter schien er engere Beziehungen zur slowakischen Oppositionspartei KDH (Christlich-Demokratische-Bewegung – eine katholisch-konservative Partei) und zu einem ihrer Mitbegründer zu haben.

Auf den ersten Blick mochten diese Verbindungen nicht zusammenpassen, da sie von gegensätzlichen politischen Strömungen geprägt waren. Die spannende Frage stand im Raum, wieso sich Karel auf der einen Seite für die Opposition in seiner Heimat stark machte und damit gegen die Einflussnahme Russlands agierte.

Auf der anderen Seite aber sein Leben aufs Spiel setzte für die Interessen eines Staates, der von Russland unterstützt wurde. Karel war also nicht nur ein gewöhnlicher Krimineller, er musste auch in einer politischen Mission unterwegs sein. Dieser Verdacht passte zu meinen Beobachtungen, die ich am Westbahnhof in Wien gemacht hatte, während ich auf ihn wartete.

Ich ließ mir in der Justizvollzugsanstalt (JVA), in der Karel einsaß, einen Termin geben, nahm den Dolmetscher mit und brach auf. Man gab uns zwei Stunden für ein Gespräch mit ihm. Wir saßen zu dritt in einem kleinen Kämmerchen auf harten Stühlen an einem einfachen Tisch – Knast eben. Endlich lernte ich diese obskure Person von Angesicht zu Angesicht kennen. Mir blieb nicht viel Zeit und ich hatte viele Fragen. Karel dachte, ich würde ihn aus dem Knast holen. Aber da musste ich ihn enttäuschen. Wir waren ja nicht in der Slowakei. Viele meiner Fragen beantwortete er nur zögerlich oder gar nicht. Ich erfuhr nichts darüber, was ihn veranlasste, nach Deutschland einzureisen. Ebenso wollte er keine Auskunft über die Hintergründe seiner Söldnerdienste in Serbien geben. Dafür präsentierte er sich als treuer Anhänger der KDH und der slowakischen Opposition. Den Mitbegründer dieser Partei, der auch in seinen Unterlagen erwähnt war, kenne er von einem gemeinsamen Gefängnisaufenthalt in seinem Land zu kommunistischen Zeiten, behauptete Karel und bat mich gleichzeitig, in dessen Büro in Bratislava anzurufen und mitzuteilen, wo er sich gerade aufhalte.

Dann war unsere Zeit auch schon abgelaufen und wir mussten die JVA wieder verlassen. Der Dolmetscher meinte, er glaube kein Wort von dem, was Karel gesagt habe. Er sprach mir aus der Seele. Die ganze Geschichte war so verworren und undurchsichtig. Vieles deutete auf geheimdienstliche Manipulationen hin, die in Zusammenhang mit Machtkämpfen widerstreitender politischer

Bewegungen in der Slowakei stehen mussten. Und Karel schien eines ihrer Werkzeuge zu sein. Doch wieso wurde Karel unter dem Vorwand, er könne Informationen zu osteuropäischen Schleuserbanden liefern, an einen deutschen Nachrichtendienst herangespielt? Die Antwort sollte ich einige Monate später erhalten. Zunächst wollten wir die Spur zur KDH überprüfen. Mein Dolmetscher rief in deren Büro in Bratislava an und gab sich als Bekannter von Karel aus. Karel war dort tatsächlich bekannt. Zumindest in dieser Sache hatte er nicht gelogen. All die anderen Widersprüche ließen sich aber nicht klären. Eine weitere Zusammenarbeit mit Karel war ohnehin nicht vorgesehen. Ich wartete noch ab, bis er seine Haftstrafe abgesessen hatte und abgeschoben wurde, dann legte ich den Fall zu den Akten.

Einige Wochen später platzte die Bombe: Karel wurde in der Slowakei festgenommen, weil er angeblich einen Anschlag auf eine Wahlveranstaltung geplant hatte. In der Slowakei wurde zu diesem Zeitpunkt ein erbitterter Wahlkampf zwischen dem Meciar-Regime und mehreren demokratischen Oppositionsparteien ausgetragen, die Meciar ablösen wollten. Karel behauptete in seiner Vernehmung, er habe im Auftrag eines deutschen Nachrichtendienstes gehandelt und mich als seinen Verbindungsmann und Auftraggeber genannt. Nachdem die Aussage Karels in der Slowakei publik geworden war, stand das Telefon, dessen Nummer Karel von mir erhalten hatte, nicht mehr still. Laufend riefen slowakische Journalisten an und wollten wissen, ob an der Geschichte etwas dran sei. Jetzt wusste ich, wozu Karel an einen deutschen Nachrichtendienst herangespielt worden war: Wir sollten für ein dreckiges Spielchen instrumentalisiert werden, mit dem ein osteuropäischer Nachrichtendienst im aktuellen slowakischen Wahlkampf zu Gunsten des Meciar-Regimes Einfluss nehmen wollte. Karels vermutlich inszenierte Nähe zur KDH und seine Verbindungen zu einem deutschen Nachrichtendienst sollten mit dieser Tat wohl die slowakische Oppositionsbewegung in Verruf bringen. Die Behauptungen Karels entpuppten sich schnell als haltlos. In den deutschen Medien spielten sie keine Rolle. Ich war darüber sehr froh, denn so blieb mir viel Ärger erspart.

Ich muss mal wieder los

Für mich blieb die Zeit im Phänomenbereich OK nur ein kurzes Intermezzo in meiner beruflichen Laufbahn. Doch trotz der innerdienstlichen Herausforderungen möchte ich diese Zeit nicht missen. Meine Begegnungen und die Erlebnisse in diesem Milieu haben mein Portfolio an beruflichen Erfahrungen enorm bereichert. Nicht lange, nachdem ich das Referat verlassen hatte, wurde die Führung dieses Bereichs ausgetauscht, was sehr positive Auswirkungen auf das Arbeitsklima und die Umgangsformen dort hatte. Die neue Führungsriege nahm unnötigen Druck auf die Mitarbeiter heraus und passte die Zielvorgaben an die Einheit den tatsächlichen Möglichkeiten an. Für mich hieß es aber wieder einmal aufbrechen und in ein neues Themenfeld eintauchen. Ich sollte in das neu gegründete Referat wechseln, das sich mit der Scientology-Sekte zu beschäftigen hatte.

Kapitel 4 – Church of Scientology
Von Operierenden Thetanen und psychischen Wracks

Auf ins neue Millennium

Ich bin mit meinem Leben und mit meinem beruflichen Weg nun am Ende der 1990er-Jahre angekommen. Die »Generation Z« wurde gerade geboren und ein neues Jahrtausend brach an. In die ausgelassene Partystimmung anlässlich des neuen Millenniums mischte sich bedrückende Unsicherheit. Viele fürchteten einen technischen Super-GAU zur Datenumstellung, von Experten der Millennium-Bug oder das Jahr-2000-Problem genannt. Trotz der Ankündigungen passionierter Bedenkenträger und Crash-Propheten ging die Welt aber wieder einmal nicht unter. Auch die IT-Systeme blieben überraschend stabil. Wir profitierten alle von den technischen Neuerungen dieser Zeit. Das Internet entwickelte sich weiter und führte zu umfassenden Umwälzungen in vielen Lebensbereichen.

Politisch vollzog sich in der Bundesrepublik eine Zeitenwende: Der »ewige« Kanzler Kohl, auch Kanzler der Einheit genannt, wurde nach einer erstaunlich langen Regierungszeit von 16 Jahren durch eine Rot-Grüne Koalition unter Kanzler Gerhard Schröder abgelöst. Auch das war ein Novum in Deutschland: Eine Rot-Grüne Koalition auf Bundesebene. In der Wirtschaft gab es ebenfalls große Veränderungen.

1999 wurde der Euro eingeführt und damit zur Währung von über 300 Millionen Menschen in Europa. Das Euro-Bargeld folgte zum 1. Januar 2002 in zwölf europäischen Staaten. Der Trend zur weltweiten interkontinentalen wirtschaftlichen Verflechtung, auch Globalisierung genannt, setzte sich rasant fort. Spannende Entwicklungen also.

Mein Job wird zwanzig

Beruflich begann für mich ebenfalls eine neue herausfordernde Phase. Ich war Anfang 40 und schon über 20 Jahre im Nachrichtendienst tätig. Die meiste Zeit davon war ich als Werber unterwegs gewesen. Viele Erlebnisse und Routinen prägten mich mittlerweile, beeinflussten mein Denken, förderten Vorurteile und ließen mich beruflich ständig auf der Hut sein. Wir Werber - und auch viele VM-Führer -befanden uns stets in einer sogenannten Sandwich-Position. Das bedeutet, dass von der einen Seite die Realität der Beobachtungsobjekte auf uns drückte, von der anderen unsere Behörde, deren Erwartungen oft im Gegensatz standen zur Lebensrealität unserer V-Leute und der Milieus, in denen wir uns bewegen mussten. Dieser jahrelange Druck nagte zunehmend an unserem emotionalen Gleichgewicht. Hinzu kamen immer wieder ernüchternde Erfahrungen mit der oberen Führungsebene, die viel zu oft nur ihren eigenen Vorteil im Blick hatte und uns schon bei geringen Anlässen die nötige Solidarität verweigerte.

Meine »Firma« war mir zutiefst fremd geworden. Und was die V-Leute anbelangte, war ein gesundes Maß an Misstrauen sowieso überlebenswichtig. Nach zwanzig Jahren in der nachrichtendienstlichen Werbung war ich also ein sehr seltsamer Typ geworden. Ein klassisches Produkt eines beruflichen Daseins, das sich in zwei gegensätzlichen Welten und den damit zwangsläufig einhergehenden inneren Widersprüchen abspielte. Viele meiner Kollegen auch in anderen Landesämtern haben ähnliche Entwicklungen durchgemacht, wie ich aus unzähligen Gesprächen über die Jahre mitnehmen konnte. Dennoch liebte ich meinen Job. Ich konnte mir in der Behörde keinen besseren vorstellen. Die Lust auf das Neue, die Fähigkeit mit schwierigen Situationen klarzukommen, die nötige Anpassungsfähigkeit und Kreativität, alles, was diese Tätigkeit einem abverlangte, entsprach meiner persönlichen Prägung. Deshalb freute ich mich auch riesig auf die neuen Aufgaben, die mit der Beobachtung der Scientology Organisation (SO) auf mich zukamen.

Milieuwechsel

Ende der 1990er-Jahre entschied die Innenministerkonferenz in Deutschland, die Church of Scientology, kurz Scientology, von den Verfassungsschutzbehörden beobachten zu lassen. Dem Beschluss vorausgegangen waren erschütternde Berichte von Aussteigern aus dieser »Kirche« in den Medien, die Beschäftigung diverser Enquetekommissionen in deutschen Länderparlamenten mit dem Thema und die damit einhergehende Erkenntnis in der Politik, sie müsse etwas gegen diese Organisation unternehmen. Durch die hohe Medienpräsenz dieses Themas entstand in Teilen der Bevölkerung der Eindruck, Scientology sei schon sehr erfolgreich in gesellschaftliche und politische Strukturen eingedrungen. Deshalb gab es auch eine breite Unterstützung für diese Entscheidung der Innenministerkonferenz.

In unserer Behörde wurde ein neues Referat aufgebaut, das den politischen Beschluss nun umzusetzen hatte. Mit 15 anderen Kollegen wurde auch ich in diese Organisationseinheit berufen. Ich sollte – mal wieder – als Werber eingesetzt werden. Unser erstes Team bestand aus jüngeren und älteren Kollegen und Kolleginnen, darunter waren einige interessante und inspirierende Charaktere. Ich fühlte mich sehr wohl in dieser Gruppe, auch wenn ich inzwischen schon zu den Oldies gehörte. Die Leiter der Einheit waren kompetent und an einem guten Arbeitsklima interessiert. Beste Voraussetzungen also für eine erfolgreiche Arbeit.

Nur der damalige Behördenleiter war aus für uns nicht nachvollziehbaren Gründen ein ausgesprochener Gegner der Beobachtung von Scientology durch die Verfassungsschutzbehörden. Seinen Ärger über den politischen Beschluss kommunizierte er aber nicht mit seinem Minister, dem er verantwortlich war, sondern nervte stattdessen uns ständig mit seinen Vorbehalten. Die Auseinandersetzungen mit ihm waren manchmal so überzogen, dass in der Gruppe schnell das Gerücht die Runde machte, der Präsident selbst müsse auch ein Scientologe sein. Natürlich war diese Annahme unberechtigt. Doch sein undiszipliniertes Verhalten belastete unsere Arbeit enorm. Selbst Verwaltungsgerichtsbeschlüsse, die die Rechtmäßigkeit der Beobachtung von Scientology bestätigten, vermochten ihn nicht zu überzeugen. Wir dachten uns nur, wenn der sich mit seiner Aufgabe nicht arrangieren könne, solle er doch zurücktreten. Aber dieses Format hatte er nicht. Für Menschen seines Schlags war es nun mal einfacher, nach unten durchzutreten, als persönliche Konsequenzen zu ziehen.

Erste Berührungen mit Scientology

Als wir mit unserer neuen Aufgabe starteten, wussten wir noch nicht viel über das neue Beobachtungsobjekt. So suchten wir zunächst einmal alle verfügbaren Informationen zusammen. Darunter fanden sich Berichte von Aussteigern, Rechercheergebnisse von Medien und Selbsthilfegruppen und die von Scientology herausgegebenen Publikationen. So erfuhren wir, dass Scientology eine US-amerikanische pseudoreligiöse Organisation ist, die 1954 von L. Ron Hubbard gegründet worden war. Der Hauptsitz befindet sich in Los Angeles. Von dort aus werden die Niederlassungen geführt, die außerhalb der USA gegründet wurden.

Organisatorisch gibt es um die Church of Scientology noch eine Vielzahl von Unterorganisationen, wie die Church of Scientology International, das ABLE-Netzwerk, welches sich um Bildungsthemen bemüht, oder das World Institute of Scientology Enterprises (WISE), ein Dachverband für Firmen und Einzelpersonen, die Verwaltungs- und Managementmethoden von Scientology anwenden. Von besonderem Interesse für uns war die Organisationseinheit Office of Special Affairs (OSA), bei der es sich nach Aussagen von Aussteigern um den vermeintlichen Geheimdienst von Scientology handeln sollte. Auch in Deutschland gab es eine Niederlassung dieser Einheit.

Das von Scientology angebotene und teuer verkaufte Produkt sei eine vom Gründer entwickelte Technik (auch Tech genannt), erfuhren wir weiter, die mittels umständlicher Auditing-Prozesse das Leben des Einzelnen verbessern und sein geistiges und körperliches Wohlbefinden steigern soll, um mehr Geld verdienen zu können. Hauptamtliche Mitarbeiter der »Kirche« waren sogenannte Staffs. Die »Kunden«, also die Menschen, die Scientology-Dienstleistungen einkaufen und dafür viel Geld bezahlten, hießen intern Publics.

Das Innenleben von Scientology und die Auswirkungen der Auditing-Prozesse auf die Kunden sind um einiges komplizierter als hier dargestellt. Es dauerte sehr lange, bis wir das gesamte System richtig verstanden hatten. Ich werde in meinen Ausführungen aber nicht tiefer auf diese Thematik eingehen. Ich beschränke mich auf

Details, die für das Verständnis unserer operativen Überlegungen von Bedeutung waren. Wer mehr oder alles über Scientology erfahren möchte, kann im Internet eine Fülle hervorragender Veröffentlichungen nachlesen.

Am Anfang unserer Beschäftigung mit Scientology standen wir unter dem Eindruck der ergreifenden Berichte vieler deutscher, aber auch US-amerikanischer Aussteiger. Die einseitige Fokussierung auf deren Erzählungen führte zu der Annahme, Scientology habe schon erheblichen Einfluss auf unsere Gesellschaft gewinnen können und insbesondere deren Geheimdienst, die OSA, sei ein mächtiger Gegner. Erst später, als es uns gelungen war, bedeutende Teile des Systems zu infiltrieren, relativierte sich diese Annahme. Bis dahin waren auch wir ständig aufgefordert, kühlen Kopf zu bewahren und nicht in die allgemeine Scientology-Hysterie zu verfallen, die sich damals in Teilen der Gesellschaft breitgemacht hatte.

Infotelefon - lästiges Anhängsel, wenig Effizienz

Eine der ersten Maßnahmen des Innenministeriums nach der Veröffentlichung des Beobachtungsbeschlusses war die Einrichtung eines Info- und Hinweistelefons in unserer Behörde für Aussteiger und Betroffene. Die Nummer wurde über die Medien bekannt gegeben. Kaum installiert, liefen auch schon die ersten Mitteilungen ein. Besonders erschütternd waren die Geschichten von Eltern, die ihre volljährigen Kinder an Scientology verloren hatten. Viele von denen dachten, wir würden ihnen ihre Kinder wieder zurückbringen. Nur die wenigsten waren in der Lage zu begreifen, dass wir schon aus rechtlichen Gründen keinen Einfluss auf ihre Kinder nehmen und sie aus Scientology herauslösen konnten. Andere Anrufer berichteten von seltsamen Entwicklungen an ihren Arbeitsplätzen, hinter denen sie Scientologen vermuteten und wollten Hilfestellungen von uns haben. Wieder andere meldeten auffälliges Verhalten von Menschen aus ihrem persönlichen Umfeld oder aus der Nachbarschaft, das ihrer Einschätzung nach in Verbindung mit Scientology stehen musste. Wir versuchten, jeder einzelnen Spur nachzugehen, stellten dabei allerdings schnell fest, dass uns die meisten Hinweise nicht weiterbrachten. Sie waren eher Ausdruck einer Hysterie, die durch die damalige Medienpräsenz dieses Themas angefacht worden war.

Welches Ausmaß diese Hysterie zum Teil angenommen hatte, lässt sich deutlich an folgender Geschichte aufzeigen, die mir widerfahren ist: Eine Gymnasiallehrerin nahm über das Infotelefon Kontakt mit uns auf und bat um ein persönliches Gespräch, weil sie in ihrem beruflichen Umfeld verdächtige Beobachtungen gemacht habe, die ihrer Meinung nach eindeutig mit Scientology zu tun hätten. Ich übernahm die Sache und besuchte die Dame zuhause. Sie wohnte in einer größeren Kreisstadt, etwa 250 km von unserer Dienststelle entfernt. Unser Gespräch dauerte gute zwei Stunden. Ihr Mann, ebenfalls akademisch gebildet, saß mit am Tisch. Ich stellte viele Fragen, um sicher zu gehen, dass ich ihr Anliegen auch präzise verstand. Nach meiner ersten Einschätzung waren die Befürchtungen der Mitteilerin unbegründet. Ich versprach, ihre Angaben, besonders die Hinweise auf bestimmte Personen, im Büro nochmals sorgfältig zu überprüfen. Dann machte ich mich auf den Heimweg.

Als ich mein Büro betrat, klingelte schon das Telefon. Mein Chef zitierte mich zu sich. Er informierte mich darüber, dass meine Gesprächspartnerin gleich, nachdem ich sie verlassen hatte, bei ihm angerufen und ihm mit besorgtem, warnendem Unterton mitgeteilt habe, bei mir müsse es sich um einen Scientologen handeln. Meine penetranten Nachfragen hätten sie sehr verunsichert und sie an scientologische Manipulationstechniken erinnert, wie sie in den Medien beschrieben worden seien. Ihr Mann wäre ebenfalls dieser Auffassung. Ich hörte meinem Chef fassungslos zu. Für mich blieb es völlig unverständlich, wie zwei Akademiker unsere Begegnung so gründlich missinterpretieren konnten. Die Szene erinnerte mich an Berichte über Hexenverfolgungen vor mehreren Jahrhunderten. Ich dachte mir, dass es damals vermutlich auch so angefangen hat.

Eine »außerirdische« Begegnung

Nach einigen Wochen theoretischer Vorbereitung war es an der Zeit für mich, mit Scientologen ins Gespräch zu kommen. Ich wollte meine ersten operativen Erfahrungen im Umgang mit diesem Milieu sammeln. Ich suchte eine Person aus, die uns auf Umwegen bekannt geworden war. Es handelte sich um einen jungen Mann, der halbtags in der örtlichen Scientology-Niederlassung beschäftigt war. Ich hielt ihn für harmlos, rechnete aber fest damit, dass Scientology seine Mitarbeiter und Kunden ausreichend auf mögliche nachrichtendienstliche Aktivitäten gegen sie vorbereitet hatte. Schließlich wehrte sich die Organisation schon während der monatelangen öffentlichen Diskussionen im Vorfeld der Beobachtungsankündigung mit allen juristischen Mitteln gegen die geplanten Maßnahmen. Wie es meinem Stil entsprach, wählte ich eine offene überraschende Ansprache.

Ich platzierte mich vor dem Wohnanwesen meiner Zielperson und wartete, bis sie nach Hause kam. Als sie zu Fuß allein die Straße hochlief, nutzte ich die Gelegenheit und trat an sie heran. Ich hielt ausreichend Abstand, da ich nicht aufdringlich oder bedrohlich wirken wollte. Ich grüßte höflich und stellte mich mit meinem Decknamen als Mitarbeiter des Verfassungsschutzes vor. Dann bat ich um ein Gespräch, weil ich sehr an den Erfahrungen der Zielperson mit Scientology interessiert sei. Als mein Gegenüber realisierte, wer ich war, wirkte es zunächst verunsichert, gewann aber schnell die Kontrolle zurück. Mit aggressiver Stimme schleuderte es mir ein »Verschwinden Sie!« entgegen und eilte in Richtung Hauseingang davon. Ich blieb stehen und wartete ab. Am Wohnhaus angekommen, drehte sich die Zielperson zu mir um, überlegte einen Moment und änderte dann die Strategie. Schnellen Schrittes lief sie zu mir zurück und fing im Befehlston an zu brüllen: »Wer sind Sie? Wie ist ihr Name? Was wollen Sie? Geben Sie mir Ihre Adresse und Telefonnummer!« Genau in dieser Reihenfolge.

Die Zielperson kam kurz vor mir zu stehen, sah mich wütend an und wiederholte mehrmals hintereinander mit lauter Stimme immer wieder diese Aufforderungen. Mein Gesprächspartner war für mich argumentativ nicht mehr zugänglich. Er schien in einen Automatismus abgerutscht zu sein, in eine Art Konfrontationstechnik, die er bei Scientology antrainiert bekommen haben musste, wie ich annahm. Die Situation war für mich plötzlich unangenehm und unkontrollierbar geworden.

Das Verhalten meines Gegenübers wirkte zunehmend paranoid auf mich. Ich hatte damit keine Erfahrung, deshalb wollte ich möglichst rasch raus aus dieser Situation. Ich erklärte der Zielperson, ich hätte kein Interesse mehr an einem Gespräch und würde mich jetzt verabschieden. Dann ging ich los. Sie wich mir aber nicht mehr von der Seite. Immer von neuem dieselbe Leier brüllend: »Wer sind Sie? Wie ist Ihr Name ...?« lief sie neben mir her. Mittlerweile nahmen wegen des Theaters, das sich um mich herum abspielte, bereits die ersten Passanten von uns Notiz. Für mich wurde es immer bedrohlicher. Ich wollte keinesfalls eine körperliche Auseinandersetzung mit dieser Person riskieren. Selbst wenn ich in Notwehr handeln hätte müssen, wären die Folgen äußerst unangenehm für mich gewesen. Also wurden meine Schritte schneller.

Mein Verfolger ließ aber nicht locker, zog ein Handy aus der Tasche und fing an zu telefonieren. Seinen Worten nach schien er mit einer Scientology-Einrichtung Kontakt aufgenommen zu haben. Er gab laufend unsere Position durch und erhielt von seinem Gesprächspartner Instruktionen. Ich musste also damit rechnen, dass es hier bald vor Scientologen wimmeln würde. Eine schnelle Lösung musste her. Andernfalls würde meine erste operative Maßnahme im Scientology-Milieu für mich in einem Desaster enden.

Hochkonzentriert suchte ich nach einem Ausweg. Da fiel mein Blick auf einen Taxistand, der etwa 150 Meter von uns entfernt lag. Das könnte funktionieren, dachte ich und rannte los. Die Zielperson hinter mir her. Aber ich war schneller. Am Ziel angekommen sprang ich in das erste Taxi, verschloss die Tür von innen und brüllte den Taxifahrer an: »Fahren Sie los! Jetzt fahren Sie schon los!« Der Fahrer guckte mich verstört an und fragte in gebrochenem Deutsch: »Will der dahinten auch noch mit?« Er hatte im Rückspiegel meinen Verfolger entdeckt und dachte wohl, der gehöre zu mir. »Nein«, schrie ich ihn an, »der soll nicht mit und jetzt fahren Sie schon los!« Es war sowas von knapp. Sekunden, bevor die Zielperson an der Fahrzeugtür angekommen war und sie aufreißen konnte, startete der Taxifahrer durch. Ich war gerettet. Solche Szenen kannte ich bisher nur aus dem Kino. Plötzlich war ich selbst mittendrin, musste aber feststellen, dass ich gerne auf Erlebnisse dieser Art verzichten konnte. Für den Taxifahrer gab es ordentlich Trinkgeld, als er mich absetzte. Er fragte nicht weiter, er grinste nur zum Abschied. Was er sich wohl gedacht haben mag?

Bei der Analyse dieses Erlebnisses sagte ich mir, was hast du da bloß für einen peinlichen Auftritt oder besser gesagt Abtritt, hingelegt. Du bist gerannt wie ein Hase. Ich musste eingestehen: Die erste Runde ging an Scientology! Ich weiß aber bis heute nicht, wie ich mich besser aus dieser Situation hätte retten können. Also buchte ich diese Begegnung unter »wegweisende Erfahrungen für die Zukunft« ein und versuchte das Beste daraus zu machen. So etwas sollte mir jedenfalls nicht mehr passieren. Zudem bemühte ich mich, das Verhalten der Zielperson zu interpretieren. Was war das nur für ein komischer Typ, dachte ich mir. Und was wollte er mit diesen ständig wiederholten albernen Anweisungen, die ein gewisses Muster zu haben schienen? Was glaubte der bloß? Ich würde ihm doch nicht meine Adresse oder meine Telefonnummer nennen, nur weil er mich anbrüllte wie am Kasernenhof. Später wurden mir die Zusammenhänge klar. Ich erlebte an meinem Gegenüber die Auswirkungen scientologischer Gehirnwäsche, die aggressiv und unberechenbar machte, aber nicht klug. Letztendlich war diese Erfahrung gleich zu Beginn meiner operativen Tätigkeit in diesen Kreisen ein Glücksfall für mich: Ich wusste nun, dass Kontaktaufnahmen zu Scientologen schnell eskalieren konnten, und stellte mich darauf ein.

Anne

In den ersten Monaten nach dem Beobachtungsbeschluss zu Scientology meldete sich eine schillernde Persönlichkeit im Innenministerium, Anne. Sie behauptete, sie sei ehemalige Scientologin und habe jahrelang als Auditorin in einer Scientology-Niederlassung unseres Landes gearbeitet. Über die Medien habe sie von der Beobachtung der Organisation erfahren und biete deshalb ihre Hilfe an. Das Ministerium zeigte sich von ihrem Angebot begeistert und reichte sie an unsere Behörde weiter. Schließlich landete sie bei mir. Ich sollte mich ausführlicher mit ihr beschäftigen. Lange blieb ich ihr gegenüber skeptisch. Ihre Story erschien mir zu seicht. Ich glaubte eher an eine Aktion des Scientology-Geheimdienstes OSA, der uns mit Anne ausspionieren wollte. Nach vielen ausführlichen

Gesprächen mit ihr änderte ich meine Meinung, sie war tatsächlich Aussteigerin. Dank ihrer Hilfe bekam ich schnell Einblick in die komplexe Materie scientologischer Lehrinhalte, intern auch als Tech bezeichnet, wie wir ja schon wissen.

Anne kam aus England, lebte aber schon lange hier. Gut zehn Jahre arbeitete sie als ausgebildete Auditorin in einer Scientology-Niederlassung in Deutschland. Anschließend wechselte sie für wenige Jahre nach Dänemark, wo sie sich in einer sogenannten Fortgeschrittenen Organisation von Scientology auf ihr eigenes Auditing zum Operierenden Thetan (OT) vorbereiten sollte. OT gelten im System von Scientology als höhere Bewusstseinsstufen. Die furchtbaren Erfahrungen in dieser Organisation und die psychischen Schäden, die sie durch das Auditing dort erlitten hatte, ließen sie zunehmend an Scientology zweifeln. Nach langem innerem Kampf gelang es ihr schließlich auszusteigen. Und nun arbeitete sie sich mühsam in ein normales Leben zurück. Jetzt wollte sie ihre Erfahrungen in die Auseinandersetzung mit Scientology einbringen. Ein echter Glücksfall für mich und unser Team.

Anne erzählte, es habe lange gedauert, bis sie hinter Hubbards Werken dessen egomanische Persönlichkeitsstruktur sowie die Einflüsse alberner Sciencefiction-Autoren und finsterer Propheten, wie Aleister Crowley oder anderer destruktiver Geister, entdeckt habe. Nach Hubbards Auffassung habe der Mensch keine Seele, sondern einen Thetan. Thetane würden wie im Weltbild der Hindus über mehrere Millionen Jahre in verschiedenen physischen Formen reinkarnieren. Anfangs hätten Thetane eine Menge an Fähigkeiten besessen, die jedoch im Laufe der Geschichte durch traumatische Erlebnisse (auch Engramme genannt) verloren gegangen seien. Jeder Mensch, also jeder Thetan, schleppe deshalb eine sogenannte Bank mit sich herum, in der diese negativen Erfahrungen gespeichert seien.

Nach Überzeugung von Scientology sei es Hubbard dank seiner unvergleichlichen Brillanz gelungen, die einzig wirksame Technologie zu entdecken, die den Thetan von diesen negativen Erfahrungen befreien und ihm seine verlorenen Fähigkeiten zurückbringen könne.

In Scientology, so erklärte Anne weiter, gebe es drei Arten von Technologien: Die Auditing-, die Ethik- und die Verwaltungstechnologie, die in sogenannte Policies und Bulletins zusammengefasst seien. Diese technologischen Richtlinien umfassten etwa zehntausend Seiten und seien von Hubbard selbst geschrieben worden. Ihnen sei eines gemein: Sie dürften niemals verändert werden, sie seien gültig für die Ewigkeit und hätten in Scientology Gesetzescharakter. In der Mitarbeiterstruktur der Scientology-Niederlassungen gebe es deshalb auch die Funktion (intern Posten genannt) des Ethik-Officers sowie die Ethik-Qualifikationsabteilung, die sich ausschließlich darum kümmern würden, dass Hubbards Richtlinien immer wortgetreu befolgt und nicht verändert würden und damit »rein« blieben. Verstöße dagegen seien schwerste Verbrechen, die man intern als unterdrückerische Handlungen bezeichne und konsequent sanktioniere.

Mit der Auditingtechnologie, die in Prozesse, Rundowns und Grade unterteilt sei, sollen die Menschen (Thetane) von ihren negativen Erlebnissen (Bank) befreit werden. Für sehr viel Geld werde sie unter der Produktbezeichnung Brücke zur völligen Freiheit vermarktet. Der Pre-Clear, so erfuhr ich von Anne weiter, der unerlöste Thetan also, starte die Brücke mit Grad 0 bis hin zum Bewusstseinszustand Clear. Von dort gehe es teuer und langwierig weiter über Vorbereitungskurse für die OT-Stufen (Operierende Thetane), die mit dem Erreichen des Zustandes OT 8 dann abgeschlossen seien. In OT 8 soll der Thetan die totale Freiheit wiedererlangt haben. Bis dahin habe der Pre-Clear etwa 250.000 bis 300.000 Dollar ausgegeben.

Aus eigener Erfahrung wisse Anne, dass die gesamte Brücke einen Verhörcharakter habe. Wie in einer Rasterfahndung würden die verschiedensten Lebensbereiche einer Person durchleuchtet und genauestens protokolliert. Diese Protokolle stünden jederzeit dem Geheimdienst OSA und der Public-Relations-Abteilung zur Verfügung. Mit diesen Verhören und Beichten, die in die Auditingtechnik eingebaut seien, möchte man kritische Gedanken des Pre-Clears und Nichtübereinstimmungen mit Hubbards Richtlinien ausschalten. Verhöre seien wie eine Reparatur des Innersten eines Scientologen, damit dieser nie mehr gegen Hubbards Richtlinien verstoße und sie kritiklos befolge. Er solle sich widerspruchslos Hubbards Tech unterordnen, sodass sich der Scientologe schrittweise von der wirklichen Welt absondere, bis er in einer Parallelgesellschaft lebe. Alle Techniken hätten das eine Ziel, ureigenste Denk- und Handlungsweisen des Individuums zu entfernen und durch Hubbards ganz spezielle extrinsisch orientierte Denk- und Handlungsweisen zu ersetzen. Nach jahrelanger Indoktrination verinnerliche der Scientologe jegliche Formen Hubbardscher Kontroll- und Machtverhältnisse, sodass er bereitwillig der Überwachungspflicht der anderen nachkomme und auch sich selbst überwachen lasse.

Weiter führte Anne aus, Scientologen, die zu unterdrückerischen Personen (suppressive persons) oder unterdrückerischen Organisationen Kontakt hätten – damit seien Menschen oder Einrichtungen gemeint, die Scientology gegenüber kritisch eingestellt seien, wie besorgte Angehörige oder Sicherheitsbehörden – müssten sich Verhören und Checks in der Ethik-Abteilung unterziehen. Durch solche Verbindungen könnten die Scientologen zu möglichen Ärgernisquellen geworden sein, die dadurch ihren Weg »auf der Brücke« in Gefahr brächten oder den Ethik-Zustand der Organisation gefährden würden, der sie angehören. Strenge und emotional sehr belastende Security Checks (Sec Checks) oder PTS-Checks (Potential Trouble Source-Checks) in der Ethikabteilung seien deshalb die Folge. Nach Annes Resümee sei Hubbards Tech nichts anderes als ein hinterhältiges und zerstörerisches Brain-Washing-Tool innerhalb eines skrupellosen Systems menschlicher Ausbeutung und Unterdrückung, das sich Scientology Church nannte. Tatsächlich jedoch ginge es einzig und allein nur um Geld.

Annes Intensivkurs über Scientology half mir sehr, meine zukünftigen Zielpersonen besser verstehen und mich strategisch erfolgreicher aufstellen zu können. Das seltsam aggressive Verhalten meines ersten Gesprächspartners aus Scientology wurde für mich dadurch transparenter. Ebenso die erschreckenden Erfahrungen, die einer meiner Informanten während eines Kommunikationskurses in Scientology machen musste. Völlig aufgelöst berichtete mir dieser beim anschließenden Treff, er habe während des Auditing-Rundowns angefangen, zu halluzinieren. Das Gesicht des Auditors habe sich plötzlich in die Fratze eines Außerirdischen verwandelt. Er sei so erschrocken, dass er die Sitzung sofort abgebrochen habe und getürmt sei. Keine zehn Pferde würden ihn mehr ins Auditing bringen, ließ mich der Informant wissen.

Gut vorbereitet tastete ich mich die folgenden Monate weiter hinein in die Welt von Scientology und suchte beherzt das Gespräch mit einer bedeutenden Anzahl von Publics und Staffs unterschiedlichster Prägung. Ich stellte dabei fest, je tiefer meine Gesprächspartner in Hubbards Tech eingetaucht waren, um so weltfremder und unzugänglicher waren sie für mich. Aber das wusste ich ja schon von Anne.

Diese Kontaktaufnahmen brachten erhebliche Unruhe in die örtliche Szene. OSA hatte alle Hände voll zu tun und versuchte mir durch Gegenmaßnahmen das Handwerk zu legen. Deren Qualität ließ aber sehr zu wünschen übrig. Ich war enttäuscht. Ich hatte mir mehr Professionalität von OSA erwartet. Hatten wir die Fähigkeiten dieser Organisation überschätzt?

Die Nuss ist geknackt

Letztendlich waren trotz aller Hindernisse die operativen Erfolge unseres Referats dank der hervorragenden Arbeit meiner Kolleginnen und Kollegen überaus zufriedenstellend. Wir konnten Einblick nehmen in die personelle Struktur von Scientology in Deutschland. Wir erfuhren, wie viele Menschen sie unter Kontrolle hatten und welchen Schichten diese angehörten. Uns wurden Ethik- und Auditingakten zugespielt und wir wussten, was wöchentlich an Geld an Scientology floss und wo es hinging. Auf Grund dieser Informationsbasis war eine zuverlässige Einschätzung des Einflusses von Scientology auf Gesellschaft und Politik in Deutschland möglich. Bis zum damaligen Zeitpunkt hatte die Sekte hierzulande gerade mal eine mittlere vierstellige Zahl an Menschen mit ihren Produkten erreicht. Darunter einige wenige Promis. Viele der Kunden blieben an einer der sogenannten unteren Bewusstseinsstufen hängen. Entgegen den ersten Annahmen spielte Scientology in Deutschland keine große Rolle. Und das war eine gute Nachricht.

OSA - entzaubert

Ich staunte nicht schlecht, als sich unter den Ethikakten, in die wir Einblick hatten, auch welche zu OSA-Angehörigen fanden. Sollten selbst diese Leute einem strengen Ethikhandling unterworfen sein?

Tatsächlich, in den Akten fanden sich reichlich interessante Details dazu. So war zu lesen, wie OSA-Mitarbeiter gegen sogenannte SPs (Supressive Persons – also unterdrückerische Personen) vorgehen und wie diese »gehandhabt« werden. Erstaunlich war, dass sich nach Scientology-Lehre die OSA-Leute durch den Kontakt mit SPs, also durch die Erledigung ihres Auftrages, zu dem sie verpflichtet waren, kontaminieren und in einen ethisch bedenklichen Zustand kommen konnten. Deshalb mussten sie sich regelmäßiger Ethikverhöre beim Ethik-Officer unterziehen und teilweise aus eigener Tasche dafür bezahlen. Wie crazy ist das denn, dachte ich mir. Der Nachrichtendienst in Scientology steht also nicht über allen Strukturen, sondern ist, wie jeder einfache Staff und Public auch, Opfer des internen Mind-Control-Systems, was dessen Effizienz erheblich einschränken dürfte. In den Unterlagen stieß ich auf einen OSA-Mitarbeiter, der mir besonders relevant erschien und auf einen ortsansässigen Detektiv, der für die örtliche OSA-Einheit Recherchen übernommen haben soll. Beide wollte ich unbedingt kontaktieren.

Ich startete mit dem Detektiv. Er hatte ein kleines, aber feines Büro in einer attraktiven Gegend unserer Stadt. Wenn man den Bewertungen im Netz glauben konnte, leistete er gute Arbeit. Zunächst observierte ich ihn einige Tage. Ich wollte mehr über seinen Tagesablauf erfahren und ob es günstige Gelegenheiten für eine Kontaktaufnahme gäbe. Dann entschied ich mich für eine andere Vorgehensweise. Ich trat unter Legende an ihn heran, gab mich als potenzieller Kunde aus, der aus dem Ausland anreisen würde und einen lukrativen Auftrag für ihn habe. Meine Zielperson biss an und wir verabredeten uns im Foyer eines edlen Hotels unserer Stadt. Mein Gesprächspartner erschien pünktlich. Wir begrüßten uns und suchten uns einen ruhigen, bequemen Platz. Zunächst plauderten wir ein wenig und ich nutzte die Gelegenheit für Fragen zu seiner Person und zu seinen geschäftlichen Aktivitäten.

Dann war es so weit. Ich musste zur Sache kommen. Zunächst entschuldigte ich mich bei meiner Zielperson für die »Story«, mit der ich sie hierhergelockt hätte und fügte an, ich sei nicht an ihren Dienstleistungen interessiert, sondern an ihren Kontakten zu OSA. Mein Gegenüber wurde blasser und rutschte unruhig hin und her. Ich sei Angehöriger des Verfassungsschutzes, fuhr ich fort, hielt ihm meinen Ausweis unter die Nase und ergänzte, wir hätten Beweise dafür, dass er für OSA Menschen ausspioniert hätte. Was er dazu sage, fragte ich. Die Zielperson wusste zunächst nicht so recht, wie sie reagieren sollte. Langsam gewann sie aber ihre Fassung zurück und bestätigte, es sei richtig, sie habe vor einiger Zeit einen Auftrag für Scientology übernommen. »Das sei ja nicht verboten, oder?«, erwiderte sie barsch. Die Gesprächsatmosphäre verschlechterte sich zunehmend. Die Zielperson reagierte gereizter und machte schließlich vollends zu. Plötzlich stand sie auf und ging. Schade, dachte ich. Ein Werbeerfolg wäre zu schön gewesen. Mein Gesprächspartner war wohl doch enger mit Scientology verbunden als zunächst angenommen. Ganz umsonst sollte meine Arbeit aber nicht gewesen sein. Diese Aktion dürfte erhebliche Verunsicherungen bei der Zielperson und bei OSA ausgelöst haben.

Als Nächstes machte ich mich an die Vorbereitungen für eine Kontaktaufnahme zu dem OSA-Mitarbeiter, auf den ich in den Akten gestoßen war. Ich freute mich schon sehr auf das Gespräch. Endlich mal ein ebenbürtiger Gegner, hoffte ich. Die ersten Observationen der Zielperson brachten schon erstaunliche Infos. Sie ging öfter spätabends nach der Arbeit vom OSA-Büro in eine nahegelegene Kneipe, um ordentlich einen zu heben. Das war sehr verwunderlich. In Scientology ist es nicht gerne gesehen, Alkohol zu trinken, denn Hubbard warnte davor. Wie konnte nun ein OSA-Mitarbeiter solchen Empfehlungen zuwiderhandeln, fragte ich mich. Dann kam mir der Gedanke, dieser Punkt könnte doch ein idealer Aufhänger für ein Gespräch mit ihm sein. Ich fand die Idee reizvoll und entschied, meine Gesprächsstrategie darauf aufzubauen.

Beim nächsten Besuch der Zielperson in der Kneipe schlug ich zu. Es war schon weit nach 23 Uhr, als sie an der Bar Platz nahm. Es dauerte nicht lange, dann wurde das erste Bier serviert. Die Zielperson rauchte eine Zigarette nach der andern, wie ihr großes Vorbild Hubbard auch. Hubbard war starker Raucher. Deshalb war Rauchen in Scientology im Gegensatz zu Alkohol nicht verpönt. Und auch das sei noch gesagt: Damals gab es kein Rauchverbot für Gaststätten. Die Kneipe war gut besucht, aber der Platz neben der Zielperson war noch frei. Ich musste schnell sein, sonst wäre die Chance dahin. Ich nahm direkt neben der Zielperson Platz und sah sie an. Ich schaute in ein völlig übermüdetes Gesicht. Auch sie musterte mich. Dann grüßte ich sie und sprach sie mit ihrem Familiennamen an. Ich sagte: »Ach, wissen Sie, ich frage mich schon die ganze Zeit, wie es sein kann, dass Sie sich als OSA-Mitarbeiter hier regelmäßig ein paar Bierchen reinkippen, obwohl das doch nicht gerne gesehen wird in Ihrem Verein!« Die Zielperson schaute mich ungläubig an aber sagte kein Wort. »Entschuldigen Sie«, fuhr ich fort, »ich habe mich ja noch gar nicht vorgestellt. Ich nannte einen meiner Decknamen und sagte ihm, dass ich vom Verfassungsschutz komme. Die Nervosität bei der Zielperson nahm zu und als ich sie so betrachtete, wurde mir klar, dass ich nicht mehr viel Zeit hatte. Sie griff zitternd nach der Zigarettenschachtel und steckte sich eine neue Zigarette in den Mund. »Könnte es sein, dass Ihr Alkoholkonsum in direktem Zusammenhang mit den Problemen steht, von denen in Ihrer Ethikakte zu lesen ist?«, setzte ich nach. Dann fing ich an, wesentliche Passagen aus dieser Akte zu zitieren.

Mein Gesprächspartner war fassungslos. Für ihn schien eine Welt zusammenzubrechen. Wie konnte es sein, dass Fremde in seine Ethikakte Einblick hätten, fragte er mit bebender Stimme und hochrotem

Gesicht. Ich wollte ihm darauf keine Antwort geben, aber ich merkte, ein konstruktives Gespräch würde mit dieser Person nicht möglich sein und deshalb sollte ich mich schnell vom Acker machen, da sie meiner Einschätzung nach kurz davorstand, zu explodieren. Also verabschiedete ich mich höflich, wünschte noch alles Gute für den weiteren Lebensweg und verschwand schnell in die kühle Nacht.

Ich muss zugeben, ich war sehr enttäuscht von dieser Begegnung. Ich hatte mir von einem OSA-Mitarbeiter mehr Professionalität in der Gesprächsführung erwartet. Er hätte mich doch charmant in einen Dialog verwickeln und versuchen können, diese einmalige Gelegenheit mit etwas Raffinesse zu seinen Gunsten zu nutzen. Aber da war nicht die Spur von Souveränität, keine Eloquenz und von nachrichtendienstlichem Geschick war weit und breit nichts zu sehen. Die Zielperson wirkte auf mich eher wie ein verschreckter Thetan, dem jegliche Spontanität fehlte, weil er in seiner Indoktrination festgetackert war. Sollten also so die Fähigkeiten aussehen, die Hubbard mit seiner Tech versprach? Na, darauf könne man gerne verzichten, dachte ich bei mir. Die Zielperson war durch die Ansprache offensichtlich so verschreckt, dass sie sich zwei Wochen lang nicht mehr allein auf die Straße wagte, wie wir durch eine anschließende Überwachungsmaßnahme feststellen konnten. Die Analyse meiner Erfahrungen mit OSA in Deutschland überzeugte mich davon, dass wir diesen Verein weit überschätzt hatten und ihn nicht fürchten mussten. OSA war für mich entzaubert.

Verzeihen Sie!

Vermutlich werden mir manche Leser, insbesondere solche, die unter Scientology gelitten haben, wegen meiner Einschätzungen zu OSA hierzulande und zu den Einflussmöglichkeiten von Scientology auf

Politik und Gesellschaft in Deutschland vorwerfen, ich würde diese Organisationen verharmlosen. Meine damaligen Beobachtungen ließen mich aber zu keinem anderen Ergebnis kommen. Was allerdings das Wesen der »Kirche« und die möglichen destruktiven Auswirkungen der Tech ihres Gründers auf das Individuum angeht, erinnere ich an Anne. Sie wissen ja, nach deren Einschätzung soll Hubbards Tech nichts anderes sein als ein hinterhältiges und zerstörerisches Brain-Washing-Tool innerhalb eines skrupellosen Systems menschlicher Ausbeutung und Unterdrückung, welches sich Scientology Church nennt und in der es einzig und allein nur um Geld und um sonst nichts anderes gehen würde. Bedenken Sie: Anne könnte mit ihrer Einschätzung durchaus richtig liegen.

Die Karawane zieht weiter

Dann kamen die Terroranschläge vom 11. September 2001 durch Al-Qaida-Terroristen in New York mit knapp 3.000 Toten. Schlagartig wurde unseren Politikern die islamistische Bedrohung vor Augen geführt, die bis dahin wohl verpennt worden war. Einige der Täter hatten sich jahrelang als sogenannte Schläfer in Deutschland aufgehalten. Hastig wurde in den Sicherheitsbehörden umstrukturiert, um dieser neuen Bedrohungslage angemessen begegnen zu können. Auch unsere Behörde reagierte entsprechend. Neue Referate mussten geschaffen werden. Das dafür benötigte Personal zog man kurzerhand und ohne Rücksicht aus etablierten Arbeitsbereichen ab. Das traf auch unser Referat. Die Beobachtung von Scientology wurde in den folgenden Monaten zunehmend unwichtiger.

Wieder einmal musste ich mir also eine andere Aufgabe suchen, wollte ich nicht zusammen mit meinem aktuellen Beobachtungsobjekt in die Bedeutungslosigkeit rutschen. In die neu entstehenden Referate mochte ich mich nicht mehr berufen lassen. Mein Bedarf an übermäßiger Arbeitsbelastung und Stress bei unattraktiven Rahmenbedingungen war nach all den Jahren ausreichend gedeckt. Ich spürte, dass es an der Zeit war, kürzer zu treten, bevor es zu spät sein würde. Und so war ich richtig happy, als sich mir die Möglichkeit eröffnete, als Werber im Referat für Linksextremismus arbeiten zu können. Gerne nahm ich an und sollte dort dann auch bis zum Ende meines Berufslebens bleiben.

Kapitel 5 – Linksextremismus
Wie klasse ist die »klassenlose Gesellschaft«?

Turbulente Zeiten, wieder einmal!

Als ich Mitte der 2010er-Jahre in mein letztes Aufgabengebiet beim Verfassungsschutz wechselte, befanden wir uns innenpolitisch in Deutschland wieder einmal in einer Zeit des Umbruchs. 2005 wurde Gerhard Schröder als Bundeskanzler von Angela Merkel abgelöst. Die erste deutsche Regierungschefin blieb bis 2021 im Amt. Ihre lange Regierungszeit war geprägt von nationalen und internationalen Krisen. Die Weltfinanzkrise 2007 - 2008 drohte das internationale Finanzsystem in die Tiefe zu reißen. Der Reaktorunfall 2011 in Fukushima veranlasste die Bundesregierung zu einem übereilten Atomausstieg und einer gut gemeinten aber in ihrer Auswirkung für die Bevölkerung finanziell sehr belastende Energiewende hin zur erneuerbaren Energiegewinnung.

Ebenfalls 2011 wurde die rechtsextremistische Terrorgruppe Nationalsozialistischer Untergrund (NSU) enttarnt. Auf ihr Konto gingen neun rassistisch motivierte Morde an Migranten in den Jahren von 2000 bis 2006 und einer Polizistin in Heilbronn 2007. Nach Aufdeckung der Mordserie kam es zu heftiger Kritik an den Sicherheitsbehörden vonseiten der Politik und der Medien. Der Untersuchungsausschuss des Bundestages machte in einem Bericht aus dem Jahr 2013 schwere behördliche Versäumnisse und Fehler sowie Organisationsmängel dafür verantwortlich, dass die Terrorgruppe nicht früher enttarnt und ausgeschaltet werden konnte.

In dieser Zeit kam es auch zu mehreren Anschlagsversuchen islamistischer Terroristen in Deutschland, die von den Sicherheitsbehörden verhindert werden konnten. Mit dem Terroranschlag im Dezember 2016 auf den Weihnachtsmarkt am Breitscheidplatz in Berlin mit zwölf Toten erreichte der islamistische Terrorismus hierzulande vorerst seinen Höhepunkt. Zu schweren innenpolitischen Auseinandersetzungen führte die Flüchtlingskrise 2015/2016, im Zuge derer über eine Million Flüchtlinge nach Deutschland kamen. Eine der Hauptursachen hierfür war der Bürgerkrieg in Syrien.

2013 wurde die rechtspopulistische Partei Alternative für Deutschland (AfD) gegründet. Die Partei steht wegen rechtsextremer Tendenzen häufig in der Kritik und wird in Teilen mittlerweile auch von Verfassungsschutzbehörden beobachtet. Gerade in ostdeutschen Bundesländern fand sie von Anfang an hohe Zustimmungswerte in der Bevölkerung. Inzwischen wird sie leider auch in den westlichen Bundesländern immer häufiger gewählt. Diese Entwicklung beunruhigt mich sehr.

Westdeutsche Linksextremisten im Schatten kommunistischer Imperien

Doch wie war es in der Zeit um 2015 um die linksextremistische Szenerie in Deutschland bestellt? Bereits Ende der 1970er-Jahre hatten marxistisch-leninistische Parteien, wie z. B. die Deutsche Kommunistische Partei (DKP), an Bedeutung verloren. Mit dem Scheitern des Sowjetkommunismus in Osteuropa und der DDR um 1990 brach diesen Organisationen endgültig das Fundament weg. Mit dem Zerfall des real existierenden Sozialismus kamen westdeutschen kommunistischen Gruppierungen und auch der terroristischen Roten-Armee-Fraktion (RAF) ihre wichtigsten Förderer und Financiers abhanden. Nach der Wende wurden in der DDR lebende RAF-Terroristen festgenommen und verurteilt. Die RAF verlor ihren Kampf gegen den westdeutschen Staat und löste sich 1998 nach 28 Jahren selbst auf. Ihre Mitglieder, verteilt auf drei Generationen, sind für 34 Morde, Sprengstoffattentate und zahlreiche Banküberfälle verantwortlich. Die schon in den 1970er-Jahren gegründete linksterroristische Gruppe Bewegung 2. Juni hatte sich bereits im Jahr 1980 aufgelöst, einige ihrer Aktivisten hatten sich der RAF angeschlossen.

Während kommunistische Parteistrukturen ihren gesellschaftlichen Einfluss verloren und linksterroristische Gruppierungen von der Bildfläche verschwanden, existieren sogenannte K-Gruppen, das sind überwiegend maoistisch orientierte Vereinigungen, bis heute weiter. Ebenso andere, im Umfeld der neuen sozialen Bewegungen der 1980er-Jahre entstandenen Gruppierungen, wie die sogenannten Autonomen oder die Antiimperialisten, auch Antiimps genannt.

Antiimperialisten

Die politische Basis antiimperialistischer Gruppen beruht auf Kernelementen des Marxismus-Leninismus. Sie lehnen das Gewaltmonopol des Staates ab und reklamieren für sich zur Durchsetzung ihrer politischen Ziele ein Recht auf Widerstand gegen das »System«, welches auch gewalttätige Aktionen einschließt. Imperialismus, von Lenin als »höchstes Stadium des Kapitalismus« bezeichnet, wird von Antiimperialisten und anderen Linksextremisten entschieden abgelehnt. Nach Lenins Auffassung neigen kapitalistische Ökonomien und Staaten zum Zwecke der Profitmaximierung stets zu gewaltsamer Aneignung fremder Rohstoffmärkte, Arbeitskräfte und fremder Märkte für den Absatz eigener Produkte. Deshalb vertreten die Anhänger dieser Ideologie eine antiimperialistische und internationalistische, also den Rahmen der Nationalstaaten überschreitende Ausrichtung. Sie verstanden sich stets als solidarisch mit den Völkern, die gegen ihre »kolonialistische Ausbeutung« und für ihre »nationale Befreiung« kämpfen. Diese antiimperialistische Solidarität wird aber nie vorbehaltlos gewährt. Befreiungsbewegungen, die auf Einführung einer westlichen Demokratie abzielen, gelten als konterrevolutionär und werden nicht unterstützt. Solidarität empfangen lediglich solche Befreiungsbewegungen, die ein sozialistisches Regime errichten wollen. Kriegsverbrechen und Menschenrechtsverletzungen solcher Regime werden ignoriert.

Dies gilt seit den 1960er-Jahren auch für den Nahost-Konflikt. Das von den USA unterstützte Israel wurde von den Antiimperialisten zur Kolonialmacht degradiert, während die von der Sowjetunion aufgerüsteten arabischen Staaten als antikoloniale Kräfte betrachtet wurden. Nach dem Sechstagekrieg 1967 erhielten auch die Palästinenser diesen Status. Die Wertschätzung für die damals prosowjetische PLO (Palestine Liberation Organization) und die terroristische People's Front for the Liberation of Palestine (PFLP) erstreckte sich über das gesamte Spektrum deutscher Linksextremisten. Sie ging von den maoistischen und stalinistischen K-Gruppen über die DKP bis zu den Terrorgruppen RAF und Bewegung 2. Juni, die 1976 zusammen mit palästinensischen Terroristen eine israelische Linienmaschine nach Entebbe entführten.

Diese antiimperialistische Haltung zum Nahost-Konflikt steht allerdings im Widerspruch zu einer anderen zentralen Ideologie des Linksextremismus: dem Antifaschismus. Denn ihr ging es nie um eine ausgewogene Kritik an der Politik des Staates Israel. Nein, Israel wurde kurzerhand zu einem imperialistisch-zionistischen Projekt erklärt, dem die Existenzberechtigung abzusprechen sei. Und so kontaminierte der manifeste Antisemitismus, der von jeher den antiimperialistischen sowie den islamistischen palästinensischen Gruppen zu eigen war, auch die deutsche antiimperialistische Szene. Diese Form der antiimperialistischen Orientierung bestimmt bis heute den Mainstream revolutionär-marxistischer, antiimperialistischer und autonomer Gruppierungen. Unabhängig davon haben antiimperialistische Gruppen aber nur wenig strukturelle Berührungspunkte mit der Bewegung der Autonomen oder kommunistischen Parteien.

Die Bewegung der Autonomen

Bei den Autonomen wiederum handelt es sich um eine eigenständige Subkultur, die in den 1980er-Jahren entstanden ist und sich aus der Sponti-Bewegung entwickelt hatte. Ihr politisches Selbstverständnis basiert auf Teilaspekten des Marxismus-Leninismus und auf dem Begriff der »Politik der ersten Person«, welcher in einem Thesenpapier von 1981 definiert ist. Darin heißt es: »Wir kämpfen für uns und führen keine Stellvertreterkriege, alles läuft über eigene Teilnahme, Politik der ersten Person, wir kämpfen nicht für Ideologien, nicht fürs Proletariat, nicht fürs Volk, sondern für ein selbstbestimmtes Leben in allen Bereichen. Wir haben alle einen diffusen Anarchismus im Kopf, sind aber keine traditionellen Anarchisten. Die Begriffe Marxismus, Sozialismus und Kommunismus beinhalten für uns nach allen ihren Theorien und Praktiken den Staat und können somit von uns auch als Zwischenstufe nicht akzeptiert werden.« Dieser für den ungeübten Leser verwirrende Text, deutet auf eine selbstgewählte Isolation sowohl von der Mehrheitsgesellschaft als auch von anderen linksextremistischen Strukturen hin. Die Haltung der Autonomen erschöpft sich in der Verweigerung und sieht allein in der Eroberung und Verteidigung von selbstbestimmten Freiräumen ohne hierarchische Strukturen einen Sinn. Deshalb existieren in der Szene auch nur schwach organisierte Personenzusammenschlüsse. Die Verweildauer in der Szene beträgt oftmals nur wenige Jahre. Aber auch diesbezüglich gibt es Ausnahmen. In dieser Subkultur tummeln sich einige Alt-Autonome, die bereits in die Jahre gekommen sind und über ein hohes Ansehen verfügen.

Zentrales und insbesondere auch identitätsbezogenes Merkmal des Agierens der Autonomen ist die Gewaltbereitschaft. Militanz ist in deren Augen ein notwendiger Bestandteil linksradikaler Politik. Gewalt wird dabei nicht nur als Mittel zum Zweck verstanden, sondern auch als Ausdruck eines für das Selbstverständnis wichtigen Lebensgefühls. So ist in einem Szeneblatt zu lesen: »Manche werfen ihren ersten Stein als offensiven Akt der Befreiung, andere aus Notwehr gegen die Bullen. Allen ist gemeinsam, dass Militanz zum identitätsstiftenden, prägenden Bestandteil der Bewegungserfahrung wird. Erfolg bestimmt sich wesentlich nach dem, was sich unter uns während einer Aktion bewegt und verändert. Was für ein Gefühl sich währenddessen unter uns einstellt.« Und diese Militanz gilt in erster Linie dem Kapitalismus, wie Karl Marx ihn definiert hat. Denn er ist nach Auffassung der radikalen Linken – also der antiimperialistischen und der autonomen Gruppierungen – der Grund allen Übels. Folglich ist die Abschaffung dieses Systems – gemeint ist der demokratische Rechtsstaat – das langfristige Ziel.

Deshalb gilt es für die Autonomen, mit den herrschenden Verhältnissen zu brechen. Das System verdiene keinen Dialog, sondern ein unmissverständliches »Fuck You!« Die Utopie vom besseren

Leben dürfe nicht aufgegeben werden. Dieses wiederum sei nur durch einen gewaltsamen Umsturz des »Schweinesystems« zu erreichen. Deutlicher, meine ich, kann man die Kriegserklärung der radikalen Linken gegen unsere bürgerlich-demokratische Grundordnung nicht formulieren.

Neben den bisher erwähnten linken Gruppierungen gibt es noch eine Vielzahl kleinerer sozialrevolutionärer, anarchistischer, antideutscher und marxistisch-leninistisch geprägter Strukturen, die jedoch unbedeutend sind.

Wunsch und Wirklichkeit

In der Zeit meiner Tätigkeit in diesem Phänomenbereich waren also die gewaltbereiten, militanten linksextremistischen Gruppierungen tonangebend. Und auf diese Milieus sollten wir auf Wunsch der Politik auch den Schwerpunkt unserer operativen Arbeit legen. Natürlich passte dieser Wunsch wieder einmal nicht zu unserer Wirklichkeit: Wie sollten wir, ohne uns selbst strafbar zu machen, mit V-Leuten in kleine, abgeschottete Strukturen eindringen, in denen militante Aktionen geplant wurden? Da war er wieder, dieser Widerspruch, der in den führenden Kreisen nicht zu Ende gedacht werden will. Alle wissen es: Unser Rechtssystem bietet keinen Raum für nachrichtendienstliche Erfolge, wie wir sie von anderen demokratischen Staaten kennen. Dennoch fordern Politik und Medien laufend Aufklärungserfolge von ihren Nachrichtendiensten.

Mit dieser Hypothek im Rucksack machte ich mich also auf der Zielgeraden meines beruflichen Daseins an die Arbeit. Die Herausforderungen waren mir nicht unbekannt, doch waren die bürokratischen Lasten für operativ tätige Mitarbeiter nach der Enttarnung des NSU und der damit einhergehenden Reformierung der Verfassungsschutzbehörden noch unerträglicher geworden. Was die technische Ausrüstung anging, näherte sich meine Behörde langsam dem normalen Standard an: Endlich hatten wir funktionierenden Internetzugang, Smartphones und Laptops. Und auch die Ausstattung und Leistungsfähigkeit der Dienst-Pkw wurden attraktiver.

»Bullshit-Castle«

Als mein neues Notebook wie selbstverständlich auf dem Schreibtisch lag, musste ich an eine Episode zurückdenken, die ich mit dem damaligen Behördenleiter erlebt hatte, als ich noch im Scientology Milieu unterwegs war: Ich begegnete ihm an der Eingangstür unserer Liegenschaft, die er gerade verließ. Ich war von einem anstrengenden Quellentreff zurückgekehrt. Über meiner Schulter hing ein Notebook. Eines der allerersten Geräte, die damals dem Führungskader nach einer beschämend qualvollen Überzeugungsarbeit durch die operative Arbeitsebene abgerungen worden war. Als er das sah, raunzte er mich sofort an, was ich mit dem Gerät wolle und wer dessen Anschaffung genehmigt hätte. Ich erklärte ihm ruhig, wie essenziell wichtig dieses Hilfsmittel für die Informationsbeschaffung sei und dass nach Auskunft der vorliegenden Unterlagen er selbst die Beschaffung genehmigt habe. Daraufhin grunzte er verlegen noch etwas Unverständliches vor sich hin und ließ mich stehen.

Als ich diesem Erlebnis noch etwas nachspürte, fiel mir plötzlich ein Artikel in der Wirtschaftswoche zum legendären

Konzernstandort von Daimler in Stuttgart ein. Der Autor erwähnte so nebenbei, dass die Daimler-Zentrale intern gerne als »Bullshit-Castle« bezeichnet werde. »Bullshit-Castle«, hörte ich mich flüstern, während plötzlich eine Reihe weiterer unglaublicher Episoden, die ich in dieser Behörde erlebt hatte, gedanklich vor mir abliefen. Dann sah ich aus dem Fenster und betrachtete die heruntergekommene Außenfassade des anderen Flügels unserer Liegenschaft. Seit Jahren vergammelt die gesamte Immobilie und niemanden interessierte das. Ja, genau das ist es, was wir hier ständig erleben, fasste ich meine spontanen Eindrücke zusammen und schnippte zufrieden mit den Fingern: »Bullshit-Castle«, besser kann man es nicht sagen!

Neue »Firmen-Philosophie«

Aber zurück zur Gegenwart. Für die Büroarbeit wurde endlich ein elektronisches Dokumentenmanagement-System angeschafft. Zudem verjüngten sich die Führungsebenen. Der Zeitgeist manifestierte sich zunehmend in unserer neuen »Firmen-Philosophie«, die uns moderner, transparenter und ganz nah an der Öffentlichkeit und an den Medien sehen wollte. Eine Institution, dachte ich mir bei der Betrachtung unserer neuen »Überzeugungen«, deren Erfolge ihrem Wesen nach von dem abhängen, was sie nicht in die Öffentlichkeit posaunte, sollte transparenter werden? Das ist so, als würde die Kirche das Beichtgeheimnis in die Tonne treten. Man muss kein Prophet sein, um ahnen zu können, dass dieser Prozess nur zur weiteren Bedeutungslosigkeit der Verfassungsschutzbehörden führen würde. Aber sei's drum! Mein neues Referat war jedenfalls ganz in Ordnung und selbst der zuständige Abteilungsleiter überzeugte fachlich und menschlich.

Anna und Arthur halten 's Maul

Es dauerte einige Monate, bis ich mich ausreichend in die Gedankenwelt der radikalen Linken eingearbeitet hatte. Sprache, Argumentationsmuster und Weltanschauungen sind wirklich sehr weit weg von der Mitte der normalen demokratischen Gesellschaft. Sie haben etwas betont Borniertes, ja schon fast etwas Religiöses an sich und lassen keinerlei Spielraum für einen gesunden Pragmatismus. In seitenlangen politischen Diskussionspapieren und ermüdenden, stundenlangen Streitgesprächen werden ständig ideologische Positionen verteidigt, die von der Geschichte schon lange widerlegt worden sind. Dennoch hält man in diesen Kreisen sektiererisch an ihnen fest und arbeitet engagiert daran, die ganze Gesellschaft in dieser Weise umzugestalten. Wenn nötig, auch mit Gewalt.

Ich bereitete mich sorgfältig auf meine ersten Ansprachen in diesem Milieu vor. Ich wählte dazu ein halbes Dutzend Zielpersonen aus unterschiedlichen Gruppierungen aus. Wie es meiner bewährten Strategie entsprach, sollten alle Kontaktaufnahmen wieder einmal unangemeldet erfolgen. Meine Sicherheit hatte nun mal oberste Priorität. Diese Prämisse hat mir schließlich all die Jahre hindurch meinen Allerwertesten gerettet.

Schon nach den ersten Gesprächen überraschten mich die Ängstlichkeit und die Erschrockenheit, die meine Zielpersonen zeigten, sobald ich mich als Mitarbeiter des Verfassungsschutzes geoutet hatte. Meist starrten sie mich an als hätte ich die Pest und machten sich eilends davon. Manch einer sogar in der Weise, wie ich es bei meiner ersten Ansprache im Scientology-Milieu getan hatte. Nur in seltenen Fällen bekam ich vorher noch ein erregtes: »Lassen Sie mich in Frieden!« oder gar »Verpiss dich!« zu hören. All die Jahre hindurch wunderte ich mich, dass die sonst so intelligent daherkommende

Linke nicht in der Lage war, sich anbietende Kontakte zum Verfassungsschutz für eigene Interessen zu nutzen, wie es Nazis schon lange erfolgreich praktizieren.

Die meisten Zielpersonen orientierten sich lieber, befreit von jeglicher Kreativität, an dem szeneintern verordneten Prinzip »Anna und Arthur halten 's Maul«. Dahinter verbirgt sich eine Kampagne, die zum ersten Mal 1987 von der autonomen Bewegung aufgegriffen wurde: Beschuldigte und Zeugen aus der Szene werden zur Verweigerung jeglicher Zusammenarbeit mit Polizei und Justiz aufgefordert und Betroffene von Anwerbversuchen der Nachrichtendienste angehalten, deren Avancen kategorisch abzulehnen.

Anquatschversuche, wie Anwerbungen szeneintern bezeichnet werden, wurden stets zügig im Internet veröffentlicht, um Freunde und Milieu zu warnen. Dabei hielt man es aber selten mit der Wahrheit. Abläufe und Dialoge wurden gerne phantasiereich modifiziert, um die Zielperson mutig und kämpferisch und den »Systemschergen« eklig erscheinen zu lassen. Verständlich, keiner von denen wollte sich selbst als Feigling darstellen. Ich schaffte es auch mehrmals in die »Charts«.

Trotzdem fanden sich unter den vielen erfolglos kontaktierten Zielpersonen immer wieder mal eine Anna und auch ein Arthur, die die Schnauze von der klassenlosen Gesellschaft voll hatten und sich gerne mit uns arrangierten. Die Ausbeute reichte allerdings nicht. Unser Informationsbedarf war stets höher. Ständig insistierten Polizei und Politik mit Anfragen zu geplanten Aktionen der radikalen Linken. Und wenn wir mit unseren Prognosen mangels Zugangsmöglichkeiten mal wieder nicht präzise genug waren, gab es sofort bissige Kritik. Aber wir waren nun mal nicht die Stasi und wir wollten es auch gar nicht sein, obwohl gerade die Linke uns das immer wieder gerne vorwarf.

Im ständigen Wettlauf mit der militanten Szene

An Aktivitäten fehlte es der radikalen Linken nicht. Am laufenden Band wurden irgendwelche antifaschistischen, antikapitalistischen oder antirassistischen Demonstrationen (Demos) angemeldet. Mit Vorliebe nutzten sie auch den Rahmen bürgerlich ausgerichteter, sozialkritischer Demos für eigene Zwecke. Wenn möglich, infiltrierte man solche Veranstaltungen mit einem eigenen militanten Block, aus dem heraus die Polizei attackiert oder schwere Sachbeschädigungen begangen wurden. Über die Jahre hinweg wurden regelmäßig sogenannte militante Kampagnen ausgerufen, in Szenezeitungen ausführlich diskutiert und zum Teil konsequent umgesetzt. Dabei wurden Polizeiautos, Bundeswehrausrüstung und Firmenfahrzeuge sogenannter ausbeuterischer, kapitalistischer Konzerne gnadenlos abgefackelt oder Büroräume dieser Einrichtungen beschädigt. Obwohl das »antifaschistische Wüten« die Bürger mit Sachschäden in zweistelliger Millionenhöhe belastete, nahmen die Leitmedien nur wenig Notiz davon.

Besondere Herausforderungen für die Sicherheitsbehörden waren stets Großdemonstrationen, zu denen die radikale Linke bundesweit oder international mobilisierte, wie z. B. zum G8-Gipfel in Heiligendamm 2007, zu den Blockupy-Protesten 2013 in Frankfurt/Main, zu diversen 1. Mai-Protesten in Berlin, zur Eröffnung des Neubaus der Europäischen Zentralbank in Frankfurt/Main 2015 oder zum G20-Gipfel in Hamburg 2017. Im Vorfeld solcher Ereignisse arbeitete die radikale Linke stets sehr engagiert und geschickt an der Planung militanter, gewalttätiger Aktionen an den Veranstaltungsorten. Bereits Monate vorher wurden deshalb Kampagnen inszeniert und Mobilisierungsveranstaltungen ins Leben gerufen. Und wir Verfassungsschutzbehörden waren stets angehalten, die Polizei rechtzeitig und detailliert über geplante linksextremistische Gewalttaten während dieser Ereignisse zu informieren.

Allerdings konnten wir mit unseren Möglichkeiten die an uns gerichteten Erwartungen oft nicht ausreichend befriedigen. Die militante Szene ist bundesweit in unzählige Kleingruppen zersplittert, die unmöglich alle unter Kontrolle zu bringen gewesen wären. Zudem sah das Konzept der militanten Linken ein hohes Maß an Autonomie für die einzelnen Akteure vor, die in der Regel erst nach der spontanen Analyse der tatsächlichen Gegebenheiten vor Ort konkrete Entscheidungen für militante Aktionen trafen. Diese Dynamik im Handlungsmuster unseres Gegenübers machte exakte Vorhersagen unmöglich.

Unmöglich war es uns aber auch, Politik und Polizei von diesen inneren Mechanismen und deren Auswirkungen auf die Prognostizierbarkeit der Szene nachhaltig zu überzeugen. Gerade vor international bedeutenden Veranstaltungen, wie G7- oder G20-Treffen, gegen die über die Bundesgrenzen hinausgehende linksextremistische Mobilisierungen die Regel waren, appellierte man gerne von oberster Stelle folgendermaßen an uns: »Da habt ihr ein paar Tausender zusätzlich. Kauft euch die Informanten, die ihr braucht und enttäuscht uns bloß nicht wieder!« Solche Ansagen waren angesichts der komplexen Wirklichkeit, in der wir uns bewegten, völlig unangebracht. Wir schüttelten nur die Köpfe über dieses Ausmaß an Ignoranz und ersparten uns weitere Kommentare.

In einigen Bundesländern versuchten Polizeibehörden gelegentlich auf eigene Faust, ihr Informationsdefizit in der linken Szene zu verringern. Sie schleusten Polizeibeamte undercover in örtliche Gruppierungen ein. Nicht wenige dieser Einsätze sind bereits einige Monate nach ihrem Start aufgeplatzt. Es fehlte wohl an der nötigen Professionalität. Aber wo sollte die auch herkommen? Zumindest in Deutschland verfügen Polizeibehörden nicht über die entsprechende Erfahrung in diesem Metier. Deshalb wunderte es uns nicht, dass Maßnahmen dieser Art oft im Desaster endeten. Das

Presseecho zu gescheiterten Undercover-Einsätzen der Polizei in linken Milieus ließ uns nicht nur schmunzeln, nein, manchmal erfüllte es uns auch mit tiefer Schadenfreude. Ein willkommener Trost eben für die Arroganz, mit der manche Polizeiführer viel zu oft unsere Arbeit öffentlich abkanzelten.

Weil militante Kleingruppen für uns so gut wie nicht zugänglich waren, konzentrierten wir uns mit unseren operativen Überlegungen auf die Szene der Sympathisanten der radikalen Linken und auf die sonstigen Schnittmengen, die diese mit Teilen der Gesellschaft hatte. Dafür entwickelten wir über Jahre hinweg ein kompliziertes operatives Modell, mit dem wir sehr erfolgreich waren. Mit dieser Methode konnten wir sicherstellen, dass wir immer einen zuverlässigen Überblick über die Zusammensetzung der radikalen Linken hatten und relevante Aktionen rechtzeitig mitbekamen. Manchmal gelang es uns sogar, vertrauliche Informationen aus militanten Kleingruppen abzugreifen. Dazu gäbe es viele spannende Geschichten, die ich aber aus Gründen der Geheimhaltung nicht erzählen kann.

»Welcome to Hell« - der G20-Gipfel in Hamburg

Im Jahre 2017 strahlte das Licht am Ende des langen und oft stickigen Tunnels meines beruflichen Werdegangs schon hoffnungsvoll hell. Ich sollte bald am Ziel sein. Aber vorher stand noch der G20-Gipfel in Hamburg an. Vom 7. bis 8. Juli 2017 fand das zwölfte Treffen der Gruppe der 20 wichtigsten Industrie- und Schwellenländer in Hamburg statt. 23.000 Polizisten waren im Einsatz. Es war der größte Polizeieinsatz in der Geschichte der Bundesrepublik. Die radikale Linke ließ sich diese Gelegenheit nicht entgehen und mobilisierte schon Monate vorher international für ihre Demo in

Hamburg, die sie unter den prophetischen Slogan »Welcome to Hell« stellte. Zusammen mit anderen Beamten aus Deutschland wurde ich von meiner Behörde in ein Lagezentrum nach Hamburg entsandt, welches für die Zeit des Gipfels eingerichtet worden war. Die Lageberichte deutscher und europäischer Nachrichtendienste zu geplanten Aktionen militanter Linker ließen nichts Gutes ahnen.

Am Donnerstag vor dem Gipfel endete meine Schicht schon am frühen Nachmittag, ich musste erst am darauffolgenden Tag gegen Mittag wieder antreten. Ich hatte also genügend Zeit, mir in meiner Freizeit die Anti-G20-Demo der linksautonomen Szene anzusehen, die am späten Nachmittag am Fischmarkt starten sollte. Als ich dort eintraf, waren schon mehrere tausend Demonstranten versammelt, die gerade damit begannen, sich zu formieren. Darunter auch etwa 2.000 schwarz vermummte Autonome, die einen sogenannten Schwarzen Block bildeten. Mit einigen hundert Schaulustigen und Pressevertretern suchte ich mir einen Platz auf der Promenade, die sich etwas oberhalb der Straße befand, von der aus die Demonstration starten sollte. Von hier aus hatte man räumliche Distanz zum Demo-Geschehen, konnte aber dennoch alles gut beobachten. Ich staunte nicht schlecht, so etwas hatte ich noch nicht gesehen: Tausende vermummte Autonome, denen starke Polizeikräfte mit Wasserwerfern gegenüberstanden.

Die Polizeiführung bemühte sich per Lautsprecherdurchsagen eine Dreiviertelstunde lang erfolglos, die Autonomen zum Ablegen der Vermummung zu bewegen. Die Spannung zwischen den beiden Lagern stieg minütlich. Mit einer Stunde Verspätung setzte sich die Demo dann doch in Bewegung, was mich überraschte. Nach wenigen hundert Metern war aber schon wieder Schluss: Die Polizei versuchte, mit starken Verbänden den Block der vermummten Autonomen vom Demonstrationszug zu trennen und aufzulösen. Chaos brach aus. Als die Polizei in den Block eindrang und ihn in kleine Häppchen zu zerlegen begann, flüchteten sich Hunderte von Autonomen über die Deichmauer hoch zur Promenade, wo wir unbeteiligte Beobachter des Schauspiels standen. Plötzlich war ich mittendrin im Durcheinander. Es ging alles so schnell, dass ich mich nicht rechtzeitig in Sicherheit bringen konnte.

Ich wurde hineingesogen in eine schwarz gekleidete militante Meute, die hektisch versuchte, sich irgendwie neu zu formieren. Doch dazu kam es nicht mehr. Eine beeindruckend martialisch ausgerüstete Polizeieinheit rannte auf uns zu, die Schlagstöcke hoch über den Köpfen erhoben. Ich stand strategisch sehr ungünstig. Mir wurde schnell klar, ich wäre wohl einer der Ersten, die in wenigen Sekunden um gemäht werden würden. Ein Entkommen gab es für nicht mehr, also blieb ich einfach stehen und ergab mich meinem Schicksal. Die Polizeikette stoppte direkt vor mir. Hinter mir meine vermeintlichen Freunde aus dem Schwarzen Block. Ich blieb wie angewurzelt stehen und sah durch die Schutzscheibe eines Polizeihelms ins Gesicht eines verschwitzten, hocherregten Polizisten, der völlig außer Atem war. Den Tonfa hielt er mit ausgestrecktem Arm hoch oben und ich war sicher, gleich würde er auf mich einprügeln. »Was für eine Scheiße!«, dachte ich, »Jetzt geht es dahin mit dir. Du stehst mittendrin in einer Gruppe von Autonomen, wirst gleich von der Polizei zusammen geknüppelt und womöglich festgenommen werden. Wie willst du das erklären?« Ich sah schon die Schlagzeile: »Verfassungsschützer als Agent Provocateur im Schwarzen Block!«

Leicht nach vorne gebeugt wartete ich auf den Schlag von oben – aber er kam nicht! Der Beamte ließ den Schlagstock nach unten sinken und brüllte mich an: »Verpiiiiissssssss Diiiiichh!« Und mit dieser charmanten Aufforderung schien er alles an Anspannung aus sich herauszuschreien, was sich in den letzten Stunden in ihm angestaut hatte. Ich konnte es nicht glauben. Ich hatte wieder einmal großes Glück gehabt. Ein allerletztes Mal. Danke, lieber Gott, schoss es mir durch den Kopf, was hätte ich bloß all die Jahre hindurch ohne dich gemacht? Nur wenige Minuten vergingen, bis die Polizei den Kessel über eine Fußgängerbrücke öffnete, über die wir den Platz verlassen konnten. Die Massen beruhigten sich und zogen friedlich Richtung Hafenstraße und Reeperbahn ab.

Ich ließ mich einfach mitziehen. Viele der vermummten Autonomen wechselten die Kleidung und schon bald war ich umgeben von einem bunten Völkchen jugendlicher Menschen, die auf den ersten Blick gar nicht unsympathisch wirkten. Die Anspannung der letzten halben Stunde war schon fast von mir abgefallen, als wir einen Straßenzug erreichten, der von der linken Szene dominiert wurde. Überall saßen oder standen Grüppchen junger Menschen zusammen, die ihrem Outfit nach der linksalternativen Szene angehören mussten. Es wurde reichlich Bier getrunken. An verschiedenen Ecken fanden sich Einkaufswägen bis oben hin mit vollen Bierflaschen gefüllt. Wer wollte, konnte sich bedienen. Kostenlos natürlich. Wie unschwer zu sehen war, stammte die Ware aus geplünderten Supermärkten. Natürlich hielt ich mich da raus. Aber ich konnte meine Augen nicht lassen von all den für mich wundersamen Szenen, die sich an diesem Ort vor mir abspielten. Sowas hatte ich bis dahin noch nicht zu Gesicht bekommen. Ich wäre gerne noch eine Weile geblieben, aber ich sah, wie Polizeieinheiten vermehrt Position bezogen. Das Viertel sollte wohl abgeriegelt werden. Ich musste also raus hier und machte mich auf die Socken.

Erst am nächsten Tag erfuhr ich, was sich in der Nacht für Gewaltexzesse abgespielt hatten: Vermummte Linksautonome hatten die Elbchaussee verwüstet, parkende Autos angezündet, Scheiben von Privathäusern eingeworfen und die Fahrgäste eines Linienbusses bedroht. Im Schanzenviertel hatten gewaltbereite G20-Gegner gewütet, Barrikaden errichtet und angezündet. Das Feuer hatte auf eine Sparkasse übergegriffen, mehrere Anwohner gerieten in Gefahr. Drogeriemärkte waren geplündert worden. Da reguläre Polizeieinheiten mit der Lage überfordert waren, musste ein Spezialkommando anrücken, das die Situation unter Kontrolle bringen konnte. Aus dem G20-Gipfel war ein Gipfel der Gewalt geworden. Die radikale Linke konnte sehr zufrieden sein mit sich: Ihr Konzept war aufgegangen und es war ihr gelungen, vielen in der Stadt für eine Nacht die Hölle heiß zu machen.

Mit der Abreise der Regierungschefs endete auch meine Aufgabe in Hamburg. Ich hatte noch einen Tag als Puffer eingeplant, bevor ich nach Hause fuhr. Ich nutzte die Zeit und schaute mir das verwüstete Schanzenviertel an. Für mich war es bis dahin unvorstellbar, dass es eine solche Welle der Gewalt in Deutschland geben konnte. Ein komplett verwüsteter Straßenzug tat sich vor mir auf, zerstörte und verkohlte Fassaden, niedergebrannte Autos, überall Glasscherben auf den Bürgersteigen, eingeschlagene Schaufenster, geplünderte Supermärkte und so weiter. Entsetzt von dem, was ich zu sehen bekam, fragte ich mich verwundert, was nur mit unserer Demokratie los sei, dass sie sich so etwas hat bieten lassen.

Adieu, Verfassungsschutz!

Wenige Wochen später war es dann endlich so weit: Meine reguläre Dienstzeit ging zu Ende. Für diese letzten Erfahrungen in Hamburg war ich noch sehr dankbar. Sie lieferten mir ein willkommenes, abschließendes Teilchen für das bunte Puzzle meiner beruflichen Erlebnisse. Mein offizieller letzter Arbeitstag endete so, wie mein gesamtes

Arbeitsleben gewesen war: unspektakulär. Ich nahm meine Entlassungsurkunde entgegen, sagte meinem schmucklosen Büro auf Nimmerwiedersehen, winkte dem Pförtner freundlich zu, als ich das Gebäude verließ und schüttelte draußen vor der Tür den Staub von meinen Füßen. Dann machte ich mich davon, für immer. Auf den berühmten letzten Blick zurück verzichtete ich, mir war schon lange nicht mehr danach.

Ein paar Worte zum Schluss

Anfang Juli 2023 entdeckte ich in der Neuen Zürcher Zeitung (NZZ) einen Kommentar, der sich mit dem Vorwurf deutscher Politiker und Medien gegen den BND beschäftigte. Der BND wurde von diesen dafür kritisiert, er habe vor dem Putschversuch des russischen Söldnerführers Prigoschin nicht rechtzeitig gewarnt. Eine der üblichen Skandalisierungen eines angeblichen Versagens des BND, wie wir sie regelmäßig aus den Mündern deutscher Politiker und Medienvertreter zu hören bekommen. Der Kommentator der NZZ hingegen überschrieb seinen Artikel mit der Aussage: »Der BND wird von denen geprügelt, die schuld an seinem Zustand sind«. Der Autor spricht vom durchsichtigen Manöver deutscher Politiker, die mit ihrer Kritik an dem Nachrichtendienst nur vom eigenen Versagen ablenken wollen. Was für eine treffende Analyse, dachte ich mir beim Lesen des Kommentars und fragte mich, was haben Schweizer Journalisten nur, das wir bei ihren deutschen Kollegen schon lange schmerzlich vermissen? Ist es womöglich der ideologiefreiere Blick auf die Wirklichkeit?

Als eine meiner Erkenntnisse aus meinem langen Berufsleben möchte ich die Überschrift des erwähnten Kommentars erweitern und sie so formulieren: »Alle deutschen Nachrichtendienste inklusive der Bundeswehr werden von denen geprügelt, die schuld an ihrem Zustand sind.« Wer bis hier durchgehalten hat, der weiß, was deutsche Verfassungsschutzbehörden wirklich sind: Sie sind reine Verwaltungsbehörden mit einer immer unbedeutender werdenden operativen Komponente, die unter dem strengen Diktat ihrer jeweiligen Landes- oder Bundesregierungen stehen. Wer behauptet, diese Behörden seien Geheimorganisationen, die ohne Kontrolle im rechtsfreien Raum agieren, mit Vorliebe zum Schaden der Bürger, der irrt sich gewaltig oder ist Opfer eigener ideologischer Verzerrungen der Wirklichkeit. Natürlich passieren in diesen Behörden Fehler und Pannen wie in jeder anderen öffentlichen oder privaten Einrichtung auch. Ihre nachrichtendienstliche Leistungsfähigkeit allerdings hängt einzig und allein von den Rahmenbedingungen ab, die ihnen von den zuständigen Regierungen, Parlamenten und Gerichten gesetzt sind.

Ich bin nun am Ende meiner monatelangen Erinnerungsarbeit angelangt und es geht mir richtig gut. Endlich bin ich wieder in Kontakt gekommen mit dem Teil meiner Persönlichkeit, der durch die Auswirkungen meiner jahrzehntelangen beruflichen Aktivitäten verschüttet war. Wäre ich Buddhist, würde ich sagen, dass meine Chakren nun wieder gereinigt sind. Wäre ich Scientologe, dann lautete meine Erkenntnis wohl, dass ich sie los bin, die lästigen Engramme. Da ich weder das eine noch das andere bin, bleibe ich bei dem mir vertrauten einfachen: HALLELUJA! Es ist geschafft! Das Kapitel Verfassungsschutz ist endgültig geschlossen. Mein neues Leben kann beginnen!